AZÚCAR Y CHOCOLATE

HISTORIA DEL BOXEO CUBANO

COLECCIÓN CUBA Y SUS JUECES

EDICIONES UNIVERSAL, Miami, Florida, 2004

ENRIQUE ENCINOSA

AZÚCAR Y CHOCOLATE

HISTORIA DEL BOXEO CUBANO

...EDICIONES UNIVERSAL

———

Primera edición, 2004

EDICIONES UNIVERSAL
P.O. Box 450353 (Shenandoah Station)
Miami, FL 33245-0353. USA
Tel: (305) 642-3234   Fax: (305) 642-7978
e-mail: ediciones@ediciones.com
http://www.ediciones.com

Library of Congress Catalog Card No.: 2003112349
I.S.B.N.: 1-59388-014-6

Preparación de textos: Luis García Fresquet

Diseño de la cubierta: Luis García Fresquet

Foto en la cubierta:
En la parte superior izquierda: Orlando Zulueta y el Niño Valdés.
Al centro: Florentino Fernández, Douglas Valliant, Sugar Ramos
y Luis Manuel Rodríguez en atuendos de boxeo con las manos vendadas.
En la parte inferior derecha: Frankie Otero.

ÍNDICE

Este trabajo es dedicado a Ramiro Ortiz y a Frankie Otero: por nuestro amor común al noble arte, la Patria y la amistad eterna.

EN AGRADECIMIENTO

Este es un libro necesario, un trabajo de amor de uno que desde la adolescencia ha estado vinculado al boxeo como púgil amateur, entrenador profesional, manager de boxeadores, promotor, cronista, comentarista del deporte y miembro del comité de votantes del Hall de la Fama del Boxeo Internacional.

Por cuatro décadas he recopilado información, revistas, libros, películas y fotos del boxeo mundial, y con el orgullo de ser cubano, los recuerdos del boxeo de mi tierra son de especial interés. Así, buscando llenar un hueco, nació la idea de escribir este libro, de narrar la historia del desarrollo del pugilismo en la nación cubana.

Estoy muy agradecido a Melchor Rodríguez, hombre de amplios conocimientos sobre el boxeo en la Cuba republicana, que me ayudó con enorme documentación en la reconstrucción de expedientes de púgiles de épocas pasadas, incluyendo Black Bill, Santiago Esparraguera, Goyito Rico, Lalo Domínguez y muchos otros boxeadores. Pocos hombres conocen el boxeo como Melchor y parte de la exactitud de este recuento se debe a su tenaz labor investigativa, donde llegó a encontrar peleas de Black Bill y Battling Nelson que no aparecen en ningún libro de records y ahora son parte de los expedientes digitales boxrec.com.

El Dr. Rafael A. Aguirre, abogado, autor y profesor universitario, fue de enorme asistencia en la estructura y mecánica de este escrito, así como analizando los estilos de numerosos boxeadores cubanos a quienes vio en el ring durante las décadas de oro del pugilismo criollo.

Gracias también para Mike DeLisa, editor de la revista cibernética Cyber Boxing Zone, quien también ha trabajado en los expedientes de púgiles cubanos de todas las épocas, así como extiendo mi agradecimiento a mi querido amigo Hank Kaplan, considerado como el máximo «guru» de los historiadores del pugilismo.

Y gracias a todos los demás, los púgiles de todas las épocas, los entrenadores y promotores, los cronistas y los fanáticos, los que hicieron historia y los que la presenciaron y documentaron.

Enrique Encinosa
Miami, 2003.

PRÓLOGO

Enrique Encinosa es de hace algún tiempo un compañero de trabajo, pero desde hace muchos años es un amigo al que hemos admirado y respetado por su amor sin límites, su entrega completa de su vida a la causa de la libertad de Cuba.

En sus libros *Cuba: The Unfinished Revolution, Escambray: La Guerra Olvidada,* y *Cuba en Guerra,* Enrique Encinosa no sólo narra de forma magistral todo este proceso histórico de como una isla encantada se sumió en los horrores de asesinatos, paredones, separación de familias y el odio entronizado por el dictador y su camarilla. También estas obras retratan a los hombres y mujeres que lo perdieron todo –incluyendo sus vidas– sin doblegarse a la opresión.

Tal pareciera que «Doble E» –como le llamamos secretamente su círculo de amigos– escribiera de los temas boxísticos, del pugilismo y sus grandes figuras como un ser humano tratando de dar descanso a su mente de tanto horror y miseria en la tierra donde nació, pero no es así. Su conocimiento por el deporte que practicó de adolescente, quedó plasmado en su primer libro, «Boxing: This is It!» cuando junto al conocido historiador pugilístico Hank Kaplan, realizó un bello trabajo sobre las interioridades del mundo de los boxeadores y el ambiente que les rodea.

Ahora, Encinosa nos regala una obra de arte sobre los boxeadores que fueron figuras destacadísimas en la Cuba democrática; estamos seguros que al lector le sucederá lo mismo que a nosotros, que fuimos cautivados por la amenidad con la que nos va relatando las hazañas logradas por los púgiles cubanos.

Para conocer de los fríos records de estos atletas basta solamente con tomar una enciclopedia que nos demuestra sus victorias y derrotas, pero en éste, su último libro, «Azúcar y Chocolate,» Encinosa retrata de cuerpo entero lo que hicieron dentro y fuera del ring esas figuras que fueron –y siguen siendo– ídolos de los fanáticos. Encinosa narra sus hechos heróicos, sus debilidades como seres humanos, presenta al desnudo lo que realizaron y lo que pudiendo, dejaron de conseguir; aquí están las grandes luminarias que continúan vigentes en la memoria de los buenos fanáticos del boxeo.

Estoy seguro que el mayor éxito de este libro de nuestra «Enciclopedia Humana,» de Enrique Encinosa, es que al lector le va a suceder lo mismo que a mí, que cuando comience a disfrutarlo no podrá detener su lectura hasta el final.

Gracias, hermano Enrique Encinosa y nuestra felicitación; con este libro has demostrado que eres un maestro escribiendo sobre el difícil tema del pugilismo.

Sarvelio Del Valle
Miami, 2003.

CAPÍTULO I

NACIMIENTO DEL BOXEO EN CUBA

El boxeo se originó hace más de nueve mil años en Etiopía, refinándose en Egipto, donde los ejércitos de los faraones incluían el deporte como parte integral del entrenamiento militar. Los griegos y romanos refinaron el método de combate en juegos olímpicos y en la brutalidad del circo de gladiadores, pero el pugilismo desapareció por siglos hasta que reapareció en Inglaterra –alrededor de 1710– en la era de los combates «a puño limpio».

La época del puño desnudo popularizó al pugilismo, aunque el boxeo era ilegal. A pesar de estar fuera de la ley, en Inglaterra existían escuelas de «esgrima y pugilismo» donde el deporte se enseñaba y se hacían «exhibiciones» de defensa utilizando guantes primitivos para amortiguar el daño físico. Bajo la excusa de que exhibiciones de defensa con guantes no eran verdaderas peleas, el boxeo se popularizó en Gran Bretaña.

Como negocio, los profesionales peleaban en cuadriláteros improvisados en centros rurales o en residencias privadas, donde los jugadores apostaban dinero en peleas concertadas «a su conclusión final.» El pugilismo se regía por las llamadas «Reglas del Ring de Londres», donde se permitían llaves de lucha libre, jalones de pelo y los asaltos duraban el tiempo que tomaba a un contrincante en caer derribado.

A pesar de ser ilegales, estos combates a puño limpio eran ampliamente reportados en la prensa y algunos de los encuentros fueron presenciados por miles de espectadores, entre los cuales se encontraban miembros prominentes de la familia real.

Varios boxeadores británicos viajaron a Norteamérica, donde además de ganar dinero en exhibiciones con guantes, algunos optaron por abrir academias, propagándose el deporte, aunque manteniéndose ilegal, al igual que en Londres.

En Norteamérica, el pugilismo llegó a adquirir gran notoriedad en 1882, cuando John L. Sullivan, un joven de Boston –con pegada brutal– se coronó campeón «de puño limpio,» al derrotar a Paddy Ryan, un irlandés de New York.

Sullivan fue el puente de transición entre la época del boxeo ilegal a puño descubierto y la aceptación del boxeo con guantes y reglas del Marqués de Queensbury. Sullivan fue el primer campeón en pelear con y sin guantes, llegando a ser un ídolo nacional y siendo considerado el primer campeón peso completo de la era moderna del boxeo.

Sullivan fue más que un simple pugilista. El hombre fuerte de Boston fue el primer norteamericano –no empresario– en ganar una fortuna que sobrepasó el millón de dólares, suma enorme de dinero en una sociedad donde un cirujano pudiente ganaba cuatro mil dólares anuales. Sullivan se mantuvo invicto de 1878 a 1892, impactando a la nación norteamericana con su carisma y personalidad alardosa.

La era del boxeo moderno –y su aceptación legal– comenzó en New Orleáns en 1892, al celebrarse el encuentro entre el campeón John L. Sullivan, y el joven «Caballero» Jim Corbett, ex empleado de banco que rehusaba pelear a puño desnudo y había creado una imagen publica de caballerosidad y buen comportamiento.

Sullivan era fuerte y valiente, pero los años de buen beber le habían disipado y Corbett era un boxeador científico, con mucha velocidad y un buen jab. El título de los pesos completos cambió de manos a orillas del río Mississippi. Corbett se coronó campeón y el deporte entró en una etapa de aceptación legal en Estados Unidos. Para comienzos del Siglo XX ya el boxeo contaba con inmensa popularidad en Europa y Norteamérica.

El primer cubano en tener contacto con el mundo del pugilismo fue José Martí, quien en 1882, diez años antes de la legalización del deporte, fue corresponsal en la famosa pelea ilegal en la cual John L. Sullivan ganó el campeonato norteamericano de los pesos completos «a puño limpio,» imponiéndose sobre Paddy Ryan.

A pesar de que a Martí no le gustaba la brutalidad del boxeo –sobre todo el salvajismo de los combates sin guantes, en peleas donde se combatía hasta el final– la prosa del Apóstol brilla con su magia descriptiva: «Ya en el lugar de la pelea, que fue la ciudad de Mississippi, estaban llenos de gente los alrededores del sitio elegido para el circo, y a horcajadas los hombres en los árboles, y repletos de curiosos los balcones y almenados de espectadores los techos de las casas. Vació el tren su carga...Y a la par que los jayanes se dieron las manos y ponían a hervir la sangre que iba a correr abundosa a los golpes, encuclillados en el suelo, contaban los segundos los dineros que se habían apostado a los dos hombres...»

Martí presenció el combate en el cual Sullivan se coronó ídolo nacional y el Apóstol narró el combate en vívidas imágenes: «A poco, ruedan por tierra; llévanlos a su rincón, y báñanles los miembros con menjurges, embístense de nuevo, sacúdense sobre el cráneo golpes de maza; suenan los cráneos como yunque herido; mancha la sangre las ropas de Ryan, que cae de rodillas...álzase Ryan tambaleando; le embiste Sullivan riendo...nueve veces se atacan; nueva veces se hieren; ya se arrastra el gigante, ya no le sustentan en pie sus zapatos espigados, ya cae exánime de un golpe en el cuello, y al verlo sin sentido, echa al aire su esponja, en señal de derrota, su segundo...»

Martí fue por tanto, el primer cronista de boxeo de nacionalidad cubana y posiblemente fue el primer criollo en tener contacto con el mundo del pugilismo.

El primer boxeador «cubano» fue un impostor, ya que ni era cubano ni peleó en la Isla. En la etapa de 1890-1895, cuando José Martí organizaba a los tabaqueros de Tampa y Cayo Hueso, un boxeador profesional con el mote de «The Cuban Wonder» intercambiaba golpes con estelaristas de la división de los pesos ligeros.

Lo curioso es que «La Maravilla Cubana» era en realidad un negro norteamericano. Su nombre era Frank McLean –oriundo de Philadelphia– y no se sabe verdaderamente la razón del apodo, conjeturándose que McLean pudiera tener algún parentesco cubano o haber residido en la Isla en algún momento, pero lo más probable es que McLean se hacía pasar por cubano para que le permitieran boxear con púgiles de la raza blanca en los estados sureños, donde aún imperaba la discriminación racial.

En el período de 1896-1906 el boxeador peso ligero Emilio Sánchez fue el primer púgil cubano «verdadero» en la historia del deporte, llegando a ser estelarista conocido en los cuadriláteros de New York. Sánchez no peleó en Cuba, donde aún no existía el deporte, desarrollándose toda su carrera en el norte de Estados Unidos. Poco se sabe sobre Emilio, solamente unas líneas en recortes de periódicos de hace un siglo, breves menciones de que el cubano se había establecido como un púgil de buen calibre en New York, ciudad donde había decenas de promociones de boxeo en todos los barrios y un boxeador con ganas de combatir podía subir al cuadrilátero quince o veinte veces al año.

Emilio –o Emil como le decían los norteamericanos– no sólo se anota el honor de ser el primer boxeador profesional cubano en la historia del boxeo, también tiene el merito de haber sido el primer criollo en cruzar guantes con un campeón mundial. Sánchez peleó dos empates con el «Profesor» Mike Donovan, considerado por los cronistas del boxeo como el pionero de la línea de campeonato peso mediano.

Donovan era uno de los púgiles más famosos del fin de siglo. Nacido en Irlanda, desarrolló su carrera en New York, siendo derrotado solo 14 veces en más de 150 combates profesionales. El «Profesor» viajó Estados Unidos participando en numerosas exhibiciones, en una de las cuales el irlandés guanteó con el peligroso John L. Sullivan, el púgil mas famoso del Siglo XIX.

A Donovan le decían el «Profesor» no sólo por su técnica; el irlandés era un consumado maestro del deporte y entre sus alumnos de boxeo se encontraba el presidente norteamericano Teddy Roosevelt y el nuevo campeón peso completo, el «Caballero Jim» Corbett. Donovan también fue autor de un libro de texto sobre técnica pugilística que ha sido impreso en varias ocasiones por más de un siglo.

Aunque poco se sabe sobre Emilio Sánchez, el boxeador cubano debe haber sido muy diestro para empatar dos veces con Mike Donovan. El primer encuentro fue tabla a seis asaltos el 25 de julio, 1898. La revancha y un segundo empate, tuvo lugar menos de un mes después, el 15 de agosto, a quince asaltos. Ambos encuentros ocurrieron en Rochester, New York.

Mientras Sánchez intercambiaba cuero con los estelaristas norteamericanos, en Cuba no había boxeo. Aunque es probable que en la isla se llevaran a cabo veladas pugilísticas improvisadas que más semejaban peleas callejeras que combates de destreza, el boxeo en Cuba era prácticamente inexistente. Existía interés por el deporte, pero en la isla no había entrenadores capacitados ni púgiles, y sin estos dos ingredientes no había empresarios a quienes les interesara presentar carteleras. Hay antecedentes de boxeo en Santiago de Cuba en 1907, pero eran encuentros de exhibición entre marinos y soldados norteamericanos de la base naval de Guantánamo.

El boxeo en Cuba comenzó a organizarse en 1910, cuando un chileno llamado John Budinich llegó a La Habana, estableciendo la primera escuela de pugilismo en la república.

Poco se sabe sobre Budinich. Era hombre corpulento –un peso semi-completo– de mediana estatura y espíritu aventurero. De muy joven viajó a Estados Unidos donde se ganó la vida trabajando de camarero. Amante del deporte de las narices chatas, Budinich aprendió a boxear en los gimnasios de Philadelphia y New York, donde aparentemente celebró algunos combates preliminares sin gran distinción. En 1900, regresó a Chile, donde fue el pionero del pugilismo en su Tierra. Peleó algunos estelares, imponiéndose sobre un norteamericano y un inglés, fundo la primera academia de boxeo en Chile y después, se marchó a Estados Unidos, antes de pasar por Cuba.

Budinich llegó a Cuba con bastante conocimiento técnico sobre el boxeo y algún dinero, por lo menos lo suficiente para abrir su academia de pugilismo. Debido a que en la Isla existía una enorme curiosidad por el deporte, la escuela de Budinich fue exitosa, asistiendo no solo aquellos que buscaban la fama y el dinero para matar el hambre, sino también jóvenes deportistas de la sociedad cubana.

El chileno se dio a conocer en unos meses, siendo contratado de entrenador del «Vedado Tennis Club.» Su trabajo de maestro en su propia academia y en el club, le proporcionaron un ingreso económico modesto y Budinich era un hombre emprendedor que se buscaba otros pesos adicionales como promotor de las primeras carteleras de boxeo en Cuba.

Las primeras carteleras de Budinich se presentaron en portales de residencias, salones de baile, patios de tabernas y en funciones al aire libre en parques municipales. En 1912, con una academia de boxeo establecida, una escuadra de entusiastas boxeadores de limitada experiencia y varias decenas de clientes dispuestos a comprar o ayudar a vender entradas, Budinich decidió hacer una promoción seria, más allá de los encuentros amateurs o semi-profesionales en patios de casas.

El chileno decidió ser estelarista de su propia cartelera y es posible que acostumbrado a guantear con discípulos sin experiencia, se confió demasiado en su propia habilidad en el ring. Budinich contrató de contrario a Jack Ryan, duro veterano del ring que se había medido con campeones y boxeadores de primera categoría por más de una década. Ryan comenzó su carrera en el ring en el peso ligero cuando era un adolescente y llegó a semi-completo al final de sus batallas entre las sogas. El norteamericano se había medido con hombres de categoría, incluyendo a Joe Gans, considerado entre los mejores campeones de todas las épocas. La pelea fue pactada a ocho asaltos pero Ryan derrotó a Budinich por la vía rápida en solo dos, en combate celebrado en el Teatro Payret.

La derrota no aminoró el entusiasmo de Budinich, quien continuó popularizando el boxeo en la isla. Budinich intentó hacer veladas boxísticas en varias ciudades de Cuba, en combinación con empresarios novatos que deseaban ser parte del espectáculo deportivo.

La mayoría de las fiestas pugilísticas apenas cubrían los gastos de pasaje y hospedaje, pero las giras sirvieron para dar experiencia a los púgiles y popularidad al boxeo en el interior de la Isla. En 1914 –1917 se celebraron promociones en Santa Clara, Cienfuegos, Colón, Holguín, Unión de Reyes, Pedro Betancourt, Santiago de Cuba, Sagua, Bayamo y varios otros centros urbanos de las provincias, iniciadas por promotores locales con más entusiasmo que conocimiento sobre el giro deportivo.

Los boxeadores de estas carteleras eran pugilistas en gira o novatos locales, como en Holguín, donde el farmacéutico Oscar Albanés dispensaba medicinas en horas laborales y peleaba en estelares contra otros aspirantes en las promociones locales. Los combates profesionales de Albanés –en 1916– fueron escenificados en el Club Atlético de Holguín, en cuadrilátero fabricado de tablas y carente de lona.

El pionero John Budinich era buen entrenador y empresario pero no sabía administrar su propia carrera pugilística, ya que cuando decidió regresar al ring –en 1915– se anotó una tabla con un desconocido y seleccionó como tercer contrincante a John Lester Johnson, peso completo de la raza negra cuya arma favorita era un contundente gancho al cuerpo. Johnson era púgil de primera línea, prospecto reconocido que podía jactarse de haberle durado la distancia en dos ocasiones a Joe Jeanette e intercambiado golpes con Sam Langford, dos de las más temidas estrellas de la época.

John Lester Johnson, fuerte, joven y peligroso, se impuso por la vía rápida en cuatro asaltos, derribando al chileno con un poderoso gancho al vientre. Unos meses después, en un ring de New York, Johnson libró su combate más famoso, una guerra a diez asaltos en la cual le fracturó un par de costillas a un joven prospecto llamado Jack Dempsey.

John Lester Johnson –quién no tenía parentesco con el campeón Jack Johnson– tuvo una carrera distinguida en el ring. Después de colgar los guantes se dedicó al giro de actor y participó en numerosas películas de Hollywood, incluyendo actuaciones en películas de Tarzán, los muchachos conocidos como «Little Rascals,» y con la famosa estrella Mae West.

Después de la derrota ante el norteamericano, Budinich decidió combatir en niveles superiores en Europa, en guerra sin guantes, con bayonetas y morteros, en trincheras fangosas donde los hombres morían por miles. El chileno se despidió de sus amistades en La Habana, prometiendo regresar después de pasarse una temporada en las trincheras europeas, vistiendo el místico uniforme –con kepi blanco– de la Legión Extranjera.

Budinich no regresó a Cuba. Lo último que se supo de él fue en 1918, una carta de las trincheras –escrita a finales del conflicto– que prometía regresar a La Habana. Es probable que el valiente chileno descanse hoy en tumba anónima en algún cementerio de Francia.

Budinich fue el pionero del boxeo cubano, el maestro, promotor y creador de una generación de entrenadores y boxeadores cubanos. De su academia brotaron los primeros pugilistas criollos incluyendo al peso gallo Víctor Achán, Chau Aranguren, el primer boxeador chino-cubano, los pesos ligeros Mike Febles y Tomas Galiana, así como el peso completo Anastasio Peñalver. Varios de sus discípulos –incluyendo a Achán, Aranguren y Mike Febles– fueron figuras claves en el desarrollo del boxeo en Cuba, primero como boxeadores y después como entrenadores de nuevas generaciones.

Febles se distinguió como entrenador y boxeador pionero del boxeo cubano, también adquiriendo fama en jiu-jitsu, al derrotar a un asiático –anunciado como campeón mundial en gira– en 1916.

El boxeo se estableció en Cuba en el período de 1910-1915, con carteleras profesionales auspiciadas por Budinich y por el norteamericano George Bradt. Bradt era propietario de una publicación capitalina, tenía considerable recursos económicos y buenos contactos en la sociedad cubana. Llevó a Cuba boxeadores de fama internacional incluyendo al peso mediano Young Ahearn y a Sam McVey, considerado uno de los mejores pesos completos del mundo.

En aquella época en la que existía una enorme discriminación racial en Estados Unidos, los púgiles norteamericanos negros disfrutaban el viajar a Cuba, donde había clima tropical y considerable tolerancia racial. A partir de 1912, Sam McVey, John Lester Johnson, Jim Johnson y otros boxeadores norteamericanos negros se presentaron en combates estelares en La Habana.

A Bradt la suerte no le favoreció. Desafortunadamente para el promotor, el combate a veinte asaltos entre McVey y Jim Johnson terminó en discutida tabla, causando un espectacular motín que produjo una merma considerable en la asistencia a las peleas, eventualmente llevando la empresa a la bancarrota.

Es posible que la escasa asistencia a algunas de las carteleras de la época fuera el fallo de Bradt en ser lento en crear ídolos locales, siempre utilizando a púgiles extranjeros que cobraban caro y no atraían espectadores como los menos diestros pero taquilleros ídolos locales.

Ejemplo es el caso de Anastasio Peñalver, el primer «campeón» peso completo cubano. El fornido albañil aprendió los rudimentos del boxeo en el gimnasio de Budinich, se anotó un par de triunfos sobre otros novatos en giras por pueblos del interior y se proclamó campeón nacional de la división de peso pesado.

Esta antigua fotografía –de 1916- es de uno de los combates del púgil Oscar Albanés, boticario de Holguín que peleaba estelares en el Club Atletico de la ciudad Oriental. El ring es de tablas, carente de lona y la audiencia es racialmente mixta, incluyendo numerosas mujeres, algo no común en el boxeo de la época.

En 1914, Anastasio se enfrentó a Sebastián Coaña –a quien se anunciaba como campeón peso completo de México– y el albañil habanero se impuso sobre el azteca en veinte asaltos. En otro combate se anotó un nocao sobre Enrique González, pero después de ese encuentro, el aún novato púgil cubano fue lanzado al león, al peligroso John Lester Johnson, el mismo que pulverizó a Budinich.

La carrera de Peñalver se eclipsó esa noche cuando Johnson le propinó una verdadera paliza, terminando por la vía rápida en tres asaltos. Un promotor con visión hubiese llevado la carrera del peso completo cubano con mesura, ofreciéndole peleas que le proporcionaran la experiencia para eventualmente batirse con hombres de calibre, en condiciones parejas. Johnson terminó la carrera de Anastasio, siendo detenido brevemente el albañil por las autoridades después del combate, al amenazar a Johnson con «una entrada de pedradas.»

Aunque en los libros de historia siempre se menciona la controversial pelea de campeonato entre Johnson y Willard en el combate que colocó a Cuba en el plano internacional del boxeo, Johnson no fue el primer campeón en demostrar su habilidad pugilística en la Isla.

En los meses anteriores al combate Johnson-Willard, Bradt presentó varias carteleras con boxeadores de fama, incluyendo un combate entre Young Ahearn y Willie Lewis en febrero, una presentación del futuro campeón mundial Ted «Kid» Lewis y tres carteleras donde fue presentado Battling Nelson, ex-campeón mundial peso ligero.

Young Ahearn era un púgil de buena reputación y pegada en los pesos medianos, aunque se le acusaba de ser cauteloso entre las sogas. Un dato histórico poco conocido sobre Ahearn relata que el boxeador tiene la distinción de haber guanteado en gimnasios de Chicago con un entonces desconocido estudiante llamado Ernest Hemingway. Willie Lewis, el contrincante de Ahearn, era un veterano con década y media de experiencia contra buenos púgiles en Europa y Estados Unidos.

Ahearn se impuso sobre el veterano Lewis en dos asaltos, cortando y derribando a su contrincante en un combate que algunas «malas lenguas» se quejaron había sido demasiado fácil para Ahearn.

En marzo, el peso welter británico Ted «Kid» Lewis se anotó un triunfo en veinte asaltos sobre Frankie Mack, cinco meses antes de coronarse campeón mundial de la categoría welter. Lewis era un excelente boxeador a quien se le atribuye el haber popularizado el uso del protector bucal.

La llegada a Cuba del ex campeón mundial Battling Nelson causó muchos comentarios en la prensa capitalina. Nelson era delgado pero extremadamente fuerte y tenía un estilo de ataque constante, respaldado por un sólido gancho que martillaba las costillas de sus adversarios.

Nelson nació en Dinamarca en 1882, pero se crió en un pueblo cercano a Chicago donde comenzó su carrera pugilista, llegando a campeón mundial en 1908, al derrotar al inmortal Joe Gans por nocao en combate por el que recibió la entonces astronómica suma de $23,000.

Para 1915, al llegar a Cuba, Nelson estaba en el ocaso de su carrera. Era un veterano con cicatrices sobre ambas cejas, orejas de coliflor y nariz torcida por miles de golpes recibidos en 127 combates profesionales. En su gira de Cuba se anotó tres victorias.

Los entrenamientos de Nelson eran públicos, y decenas de fanáticos asistían a ver al veterano guantear con algún boxeador cubano o pegarle al saco, donde el danés había dibujado la cara del odiado Káiser Wilhelm, causante del entonces vigente conflicto bélico mundial.

El 18 de marzo de 1915 Nelson se anotó un triunfo por la vía rápida en tres asaltos sobre Young Donelley, un púgil de poca monta. Una semana después, el ex-campeón mundial se impuso por decisión en veinticinco asaltos sobre Jimmy Freyer. En abril, Nelson derrotó a Dale Gardner en dos asaltos.

Mientras Battling Nelson se anotaba sus últimos triunfos, de lo único que se hablaba en la Isla era del combate pactado para abril entre Johnson y Willard, la primera pelea de campeonato mundial que se celebraría en Cuba.

En 1915, Jess Willard se impone sobre Jack Johnson en la primera pelea de campeonato mundial celebrada en Cuba.

CAPÍTULO II

LA PRIMERA PELEA DE CAMPEONATO MUNDIAL EN CUBA

La pelea entre Jess Willard y Jack Johnson, pactada a cuarenta y cinco asaltos en el Oriental Race Track de La Habana, fue un encuentro de enormes implicaciones políticas y sociales.

El boxeo fue el primer deporte donde existió integración racial. En 1892, seis décadas antes de que Jackie Robinson vistiera el uniforme de las grandes ligas de la pelota, George Dixon se coronó campeón mundial peso pluma en un ring de Coney Island. Dixon, apodado «Little Chocolate» era un gran estilista, un maestro entre las sogas que se mantuvo rey de los pesos plumas hasta 1900.

Si bien la sociedad de la época toleraba a un campeón de la raza negra en pesos menores, no existía esa misma tolerancia en la división de los pesos completos. A boxeadores como Peter Jackson se les negó la oportunidad de combatir contra los campeones de la época por temores sociológicos. Todo cambió en 1908, cuando en un ring de Sidney, Australia, el gigante de ébano Jack Johnson pulverizó al entonces campeón Tommy Burns por la vía rápida en catorce asaltos.

Johnson –al coronarse campeón mundial– había celebrado alrededor de ochenta combates perdiendo solo en cuatro ocasiones. Un hombre de impresionante musculatura con dientes enchapados en oro y cabeza afeitada, el «Gigante de Galveston» asombró a la sociedad de la época con su vida escandalosa y fuera del marco de lo que era esperado de un hombre de su raza en una sociedad donde con frecuencia se ahorcaban a negros en incidentes de odio racial.

Johnson se casó con tres mujeres blancas, dos de las cuales eran prostitutas de los burdeles más lujosos de su época. Una de sus esposas cometió suicidio y el campeón fue arrestado en varias ocasiones por manejar a exceso de velocidad. En una sociedad donde había separación racial, Johnson fue propietario de un elegante restaurante en Chicago, el «Café Du Champion,» donde había integración racial y se tocaba la nueva música llamada Jazz. En una cultura donde imperaban los trajes oscuros y grises, el sonriente Johnson se vestía con trajes y bombines color mostaza, verde limón y marfil.

La prensa deportiva de la época –aullando de rabia– emprendió la búsqueda de una «Esperanza Blanca,» que pudiera borrar «la sonrisa de oro» del nuevo campeón; Johnson, sin embargo, era un maestro del contra-golpe, dotado de mucha velocidad y una granada en cada mano. Todos los contrincantes cayeron como naipes. Stanley Ketchel fue golpeado con tanto poder que dos de sus dientes quedaron incrustados en el guante del negro de Galveston. Johnson ganó por la vía rápida sobre el curtido Jim Flynn y se burló en el ring del ex-campeón Jim Jeffries al cual derribó cuando quiso.

El gobierno norteamericano estableció la ley llamada «The Mann Act» donde se podía encarcelar a un hombre por transportar a una mujer a través de fronteras estatales con el propósito de tener relaciones sexuales. Lo abusivo de la ley fue que a Johnson se le aplicó retroactivamente. En vez de encarar la cárcel, Johnson viajó a Europa, donde continuó dominando a todo el que se le presentó en combate titular.

El 5 de Abril 1915, Johnson se enfrentó a Jess Willard en La Habana en un combate que aún se discute por la controversia de su resultado final. El combate fue filmado por la empresa promotora para presentaciones teatrales en Europa y Estados Unidos.

Además de la filiación promotora, la empresa del Circo Santos & Artigas filmó unos minutos de pietaje que se presentó en cines habaneros.

Melchor Rodríguez, perito del boxeo cubano declara que: «después de exhibir esos breves minutos en varios cines, el día 19 de junio se estrenó la presentación de la pelea entera en el Teatro Nacional.»

Santos & Artigas llegaron a convertirse en una importante empresa pugilística, promoteando peleas en La Habana y en el interior, así como representando a boxeadores cubanos a quienes enviaron a pelear en cuadriláteros de Europa. Santos & Artigas fueron pioneros del boxeo en Cuba y su importancia histórica llegó a su máximo momento en la década de 1920-1930.

Jess Willard –la esperanza blanca– medía seis pies seis pulgadas y pesaba doscientas cincuenta libras de músculos bien entrenados. El vaquero de Kansas se había anotado diecinueve knockouts en treinta combates con sólo cuatro derrotas.

Algunos cronistas de boxeo han creado la imagen de Willard como un gigante torpe de poco talento, injusta para el vaquero de Kansas. Willard no era lento como se alegaba, moviéndose bastante bien para un gigante. El peso completo de Kansas tenía enormes reservas físicas, le sobraba valor y pegaba con la autoridad de su estatura y peso. Un contrincante llamado Hector «Bull» Young, falleció a causa de un violento derechazo del vaquero de Kansas y Jack Dempsey declaró que uno de los golpes más fuertes que recibió en su carrera fue un derechazo de Willard.

Los libros de expedientes de batallas del ring indican que Jess Willard se coronó campeón por la vía rápida en el asalto veintiséis. La controversia se suscitó por una confesión de Johnson –algún tiempo después– de que la pelea fue arreglada con agentes federales norteamericanos en intercambio por una corta sentencia carcelaria en Estados Unidos. Johnson alegó que su trampa era patente en una foto del nocao, donde el campeón, se tapaba la luz del sol con sus manos, lo cual probaba que estaba consciente en la lona. Nat Fleischer, el editor de la prestigiosa revista «Ring,» compró la confesión, pero no la dio a la publicidad, siendo de la opinión que Johnson no quería admitir que la buena vida y el almanaque habían causado su derrota.

Por décadas la posible pelea arreglada ha sido ampliamente discutida e incluso inspiró una popular obra de teatro en Broadway –«The Great White Hope»– y una película con el gran actor James Earl Jones haciendo el papel de Jack Johnson.

Ni Willard ni Johnson vieron la obra o la película. Johnson pereció en accidente automovilístico en 1946 y Willard falleció en su residencia de Los Ángeles en 1968. Willard era de la opinión que la pelea había sido real, alegando que Johnson no podía admitir que había sido derrotado, prefiriendo la controversia de una pelea arreglada ante la amarga realidad de la derrota. Willard argumentaba, con cierta lógica, que si el gobierno había prometido un arreglo, no había razón por la cual Johnson tardó varios años en regresar a Estados Unidos.

Eventualmente una película –la única copia en existencia del encuentro– fue adquirida por el coleccionista de boxeo Jim Jacobs. Lo que los historiadores del pugilismo y cronistas deportivos vieron al examinar el combate tiende a darle la razón a Willard.

En la película se ve a Johnson fuera de condición, con bastantes libras de sobrepeso, atacando furiosamente a Willard en los primeros asaltos. No es factible –si la pelea era arreglada– que Johnson intentara eliminar al vaquero con la mayor brevedad posible. Willard fue herido y golpeado por una decena de asaltos pero rehusó caer, utilizando sus enormes reservas físicas para mantenerse en la refriega, conectando unos cuantos golpes contra Johnson, quien dominaba el combate.

Ambos boxeadores continuaron golpeándose y Johnson –debilitado por fiestas, mujeres y licores finos– se fue derritiendo gradualmente bajo el ardiente sol tropical. Willard aventajaba a Johnson con cuatro pulgadas en estatura y decenas de libras de peso y el vaquero se sentía confiado de su propia energía según el campeón se debilitaba.

De ser pelea arreglada, el final debió ocurrir antes de combatir veinticinco asaltos bajo un sol ardiente. De ser arreglada, Johnson no se hubiera desgastado gradualmente, como se ve en la película, siendo golpeado con más frecuencia, y con movimientos más lentos en cada asalto.

En el asalto veintiséis de la pelea pactada a cuarenta y cinco rounds, una demoledora derecha con todo el peso de Willard golpeó el mentón de Johnson, haciendo que éste se desplomara en la lona. Al caer, el campeón movió ambos brazos frente a su cara, por un momento, en un gesto semejante a una guardia boxística, en el preciso momento que un fotógrafo disparaba su cámara. Un instante después, Johnson pegó sus piernas desnudas a la ardiente lona y ambos brazos cayeron de la posición de guardia. La pelea de campeonato había concluido.

Después de ver la película la mayoría de los cronistas consideran que si Johnson estaba dispuesto a perder no hubiera tratado desesperadamente de eliminar a su contrincante, esperado tantos asaltos y aceptado tanto castigo como Willard le propinó en los seis últimos asaltos del encuentro. Johnson era mal perdedor y es muy posible que Willard ganara el cetro mundial limpiamente.

La pelea hizo de Cuba un centro internacional de boxeo. En toda la Isla, desde los bateyes azucareros a los gimnasios capitalinos, una generación de jóvenes aspirantes se preparaba a calzarse los guantes y buscar fama y fortuna.

CAPÍTULO III

LOS PRIMEROS ÍDOLOS NACIONALES DE BOXEO EN CUBA

El combate titular Johnson-Willard de 1915 colocó a Cuba en un plano internacional como sede del boxeo profesional, ayudando a que el deporte se asentara en la Isla como parte de la cultura nacional.

La primera cosecha de púgiles en Cuba no había producido héroes locales que capturaran la imaginación del fanático, elemento esencial para las taquillas. La mayoría de los estelaristas que encabezaban las carteleras eran boxeadores extranjeros de muy buena calidad, entre los cuales se destacaban Sam McVey, Young Ahearn y Kid Herman, estrellas del ring norteamericano.

Los cubanos eran el relleno preliminarista en las carteleras, aprendiendo al duro el giro entre las cuerdas y pagando el alto precio. Algunos que despuntaron bien se encararon al principio de sus carreras a boxeadores norteamericanos muy superiores, eclipsándose rápidamente. Los pocos promotores en Cuba sufrían pérdidas económicas al importar talento al que tenían que pagar bolsas cuantiosas y gastos de viaje que hacían la ganancia económica imposible. Peor aún, el boxeo profesional fue prohibido en La Habana por el entonces alcalde Varona Suárez por un corto período de tiempo y por consiguiente el boxeo se desarrolló más rápidamente en el interior de la república.

Para 1920 el boxeo se practicaba en todas las provincias de Cuba, aunque aun había pocos profesionales y las bolsas eran insignificantes. Un asiento «ringside» costaba de 20 centavos a dos pesos, dependiendo de la importancia del encuentro estelar «star bout».

Entre las empresas promotoras de la época se encontraban las carteleras de los hermanos Castro, la antes mencionada empresa de Circo Santos & Artigas y la promotora Cubillas y San Martín, quienes presentaron numerosas carteleras en el «Black Cat» y el «Recreo de Belascoaín,» donde mantuvieron la actividad pugilística pero no obtuvieron ganancias.

Por un lustro la empresa fue vital en el desarrollo del boxeo profesional en la isla.

Los pocos cubanos que se atrevieron a pelear en el extranjero no adquirieron fama; sin contactos promocionales se vieron en la situación de enfrentarse al «hierro» por bolsas de menor cuantía. Un ejemplo es el peso pluma apodado Knockout Cuban, quien estuvo activo en New York en 1917, perdiendo ante Terry Martin y Tommy Coleman, ambos estelaristas de primer nivel.

Pero no todo eran malas noticias. A pesar de todo los inconvenientes, en Cuba se desarrollaban las organizaciones de boxeo amateur, destacándose el Club de Dependientes, Club Atlético, Club Atenas, el YMCA, Club de Aduanas y la Unión de Amateurs de Cuba, cunas de futuros estelaristas. Después del combate Willard-Johnson algunos de los preliminaristas llegaron a competir en niveles estelares, convirtiéndose en héroes «del patio.»

Entre los primeros boxeadores criollos populares que llegaron a niveles estelares y obtuvieron reconocimiento nacional, se encontraban Mike Castro, Chu Aranguren y Lalo Domínguez.

Mike Castro era hombre educado y de buena disposición. Aprendió el boxeo cuando residía en Estados Unidos, desarrollándose como buen púgil en los topes amateur. Buscando gloria y fortuna, debutó como profesional, celebrando por lo menos nueve encuentros antes de su regreso a Cuba, donde el espigado boxeador continúo su racha de victorias, coronándose campeón nacional peso mosca. La pelea de campeonato nacional tuvo su controversia, ya que al enfrentarse a

Mike Castro.

Oscar García, Castro fue derribado a la lona pero la campana le salvo de la derrota por nocao. Los partidarios de García argumentaban que el campanazo había llegado temprano para salvar a Mike Castro, quien se repuso y derroto a García por KO en el asalto diecisiete.

Entre combate y combate, Mike Castro se dedicaba a dirigir su propia academia de boxeo y una empresa promotora en asociación con su hermano Clodomiro.

Mike fue un «hombre total» del boxeo. Fue campeón nacional, entrenador de estrellas, promotor, tercer hombre en el ring en numerosas carteleras, y dirigente de la comisión nacional de boxeo hasta 1948.

Hilario Chu Aranguren, el chino cubano que lo mismo peleaba en la división de los pesos plumas que contra los ligeros, fue alumno de la academia de John Budinich, llegando a establecerse como un estelarista por su valor en el combate, midiéndose con el mundialmente conocido Kid Herman. Aranguren llegó a ser respetado maestro de boxeo y de jiu jitsu después de colgar los guantes, pero el más popular de los tres fue Abelardo (Lalo) Domínguez, mulato que entró en el profesionalismo sin practicar el deporte como aficionado.

El zurdo Lalo Domínguez nació en 1894, de familia humilde. Desde su adolescencia trabajó de herrero y las largas horas de faena ante hornos calientes, martillando metales y forjando herraduras y rejas, lo convirtieron en hombre fuerte y duro. Aunque las fotos de la época muestran un hombre de orejas grandes y cuerpo delgado, sin gran definición muscular, Lalo era extremadamente fuerte, con recia pegada en ambas manos.

Amante del boxeo, Lalo Domínguez hizo su debut profesional en 1917, sin experiencia amateur. Al novato lo enfrentaron a Frank Torres –un peso ligero con varias peleas profesionales– en preliminar de la cartelera donde Kid Herman se enfrentó a Chau Aranguren. No se anticipaba victoria para el mulatico ante su experimentado rival, pero el espigado Domínguez se anotó nocao en tres asaltos, propinando una soberana golpiza a Torres, a quien derroto nuevamente –por puntos– en la revancha.

Lalo Domínguez tenía habilidad y valor. Después de sus primeros triunfos, Domínguez recibió clases de boxeo y entrenamiento profesional, desarrollando su técnica, y midiéndose con otros prospectos que incluían al «Topacio de Cienfuegos» Enrique Ponce De León, Joe Marroquin, Jack Coullimber, y el mismo Chu Aranguren en cuya cartelera había debutado. El desarrollo de Lalo en ídolo nacional tuvo mucho que ver con Mike Castro.

El espigado Mike Castro fue maestro de Domínguez e incluso peleó en exhibiciones contra su discípulo. El herrero aprendió a utilizar el jab y a moverse sin perder el balance, aunque era más fajador que estilista. Domínguez se anotó triunfos, mejorando con cada

Lalo Domínguez

combate. Aunque no era de categoría mundial, era buen estelarista y pegaba con esmero. Su combate contra Jack Coullimber en 1919 fue muy comentado en todo el país ya que Lalo derribo a Coullimber veintiséis veces en nueve asaltos, imponiendo un record y logrando Domínguez la victoria por nocao técnico.

En 1922, cuando se creó en Cuba la Comisión Nacional de Boxeo, Lalo Domínguez recibió el primer carné, designándosele campeón nacional peso ligero.

«El Terrible Mulato,» así apodado por los cronistas de la época, no ganó la fortuna que ansiaba a pesar de su fama nacional. La mayoría de sus bolsas apenas rebasaron cien pesos, pero su popularidad le facilitó trabajo de herrero, con el que se ganó su sustento diario por algún tiempo.

Domínguez se impuso por nocao sobre Young Ritchie, hizo tabla con Joe Carmel –ambos norteamericanos– defendió su titulo contra Pedro Frontela, ganando por descalificación en seis asaltos, pero Lalo después fue derrotado por dos nuevas estrellas del boxeo cubano: Aramís Del Pino y Cirilín Olano. Lalo perdió por puntos con Aramís pero el mulato se anotó nocao sobre Del Pino en la segunda vuelta. Lalo también cruzó guantes con Enrique Ponce De León, Relámpago

Saguero, Tommy White y con Estanislao «Tany» Loayza, boxeador chileno mundialmente clasificado.

Cuando Lalo Domínguez se enfrentó a Loayza, el mulato era ya un astuto veterano del ring. Consciente que una victoria sobre el chileno sería una carta de crédito para una pelea con alguno de los clasificados en los casilleros mundiales, Lalo intentó fulminar a Loayza, pero el chileno mantuvo al cubano fuera de distancia. En un momento de pausa, Domínguez le dijo a Loayza que tuviera cuidado, ya que uno de los cordones de sus zapatillas se había zafado. Al distraerse Tany, mirando hacia abajo, Lalo aprovechó el momento para lanzar un pulverizante gancho al mentón del chileno. Loayza se desplomó a la lona, pero logró recuperarse y se anotó un triunfo por puntos sobre «El Terrible Mulato,» quién recibió una reprimenda de la comisión de boxeo por violar las reglas de la ética deportiva.

Loayza, uno de los grandes boxeadores del continente, se dio gusto con los boxeadores cubanos, imponiéndose sobre Lalo Domínguez, Cirilín Olano y Aramís del Pino.

Lalo Domínguez prefería las cuerdas al trabajo de herrero. Después de colgar los guantes aceptó trabajo de entrenador del Centro de Dependientes, impartiendo sus conocimientos a nuevas generaciones de boxeadores. Al final de sus días fue director de entrenamientos del Campo Deportivo «Pepe Barrientos» donde falleció, de un infarto, mientras entrenaba boxeadores a la sombra de un ring.

CAPÍTULO IV

LOS HÉROES DE 1920-1930

En Cuba, el período de 1910-1920 fue una década de rápido desarrollo del boxeo. De una solitaria academia de boxeo y escasas promociones amateur en 1910, la primera década se destacó por una pelea de campeonato mundial, varias decenas de carteleras con púgiles de calibre internacional, y la creación de una generación de boxeadores, entrenadores y promotores.

En los años de 1920-1930 se presentaron centenares de carteleras profesionales en la Arena Colón, Nuevo Frontón, Black Cat, Marina Stadium y el Miramar Garden en La Habana, así como en todas las provincias de Cuba.

El boxeo amateur creció paralelamente al profesional, con escuelas de pugilismo en el Centro de Dependientes, La Unión Amateur de Cuba, Club Atlético de Cuba, El Club Atenas, Centro Asturiano, Centro Gallego, Club Artístico de Cuba, Club de Boxeo Aduana y los equipos de púgiles de la marina y el ejército.

Entre los entrenadores conocidos de la época se destacaron Mike Castro, Juan «Venao» Martínez, Mike Febles, Víctor Achán, Chu Aranguren y Panamá Joe Gans, quien residió en Cuba por algunas temporadas.

Postales de boxeadores cubanos de 1925-1935.

La segunda generación de boxeadores cubanos de 1920-1930 consagró a la nación. Dos criollos –Black Bill y Kid Chocolate, combatieron en peleas por campeonatos mundiales. Bill perdió en su intento pero Chocolate se coronó campeón mundial. Ambos tienen capítulos apartes en esta publicación, pero otros púgiles cubanos que merecen ser mencionados.

LOS COMPLETOS Y SEMI COMPLETOS

En los pesos completos y semi-completos se destacaron Antolín Fierro, Elpidio Pizarro, Louis Smith, Kid Cárdenas, Clemente Sánchez, Santiago Esparraguera y Goyito Rico.

Antolín Fierro tenía mano pesada y quijada frágil. Noqueaba o lo noqueaban y así ocurrió cuando perdió una pelea y ganó otra con Andrés Balsa y repitió la secuencia con Santiago Esparraguera. En su combate de más importancia, Fierro fue fulminado en el primer asalto por el vasco Paulino Uzcudún y también perdió con Rogelio Mestre.

Elpidio Pizarro fue tres veces campeón nacional amateur de Cuba con expediente profesional de 18-1 con 17 triunfos por KO. La derrota fue un fulminante nocao por vía de los nudillos de Goyito Rico. Al retirase del ring, el afable Elpidio fue propietario de negocios de ventas de automóviles y promotor de boxeo.

Louis Smith comenzó su carrera como peso pluma, pero creció rápidamente hasta llegar a los semi-completos. En una cartelera celebrada en 1916, el entonces peso pluma Smith comenzó la noche regalando más de cincuenta libras a un peso completo llamado Luis Molinet, ganando Smith el combate preliminar por nocao en cuatro asaltos. Después de un breve descanso, Smith subió al ring de nuevo, ganándole por puntos a Chu Aranguren en la pelea estelar a doce asaltos. Después de concluida su carrera, Smith se asoció al peso gallo Víctor Achán, estableciendo un gimnasio donde entrenaron a numerosos boxeadores cubanos.

Uno de los encuentros capitalinos más discutidos en esa época fue la pelea de Smith con Kid Cárdenas –otro héroe local– por el campeonato peso pesado de Cuba en 1921, pagándoseles la entonces «astronómica» suma de quinientos pesos a cada uno, imponiéndose Smith sobre el matancero.

Postales de boxeadores cubanos de 1925-1935.

Clemente Sánchez –La Pantera de Camajuaní– era un púgil de valor que logró establecer un buen expediente, incluyendo algunas victorias internacionales, pero falleció en un ring de Argentina en 1928.

El «Cabo» Esparraguera, militar que pesaba 170 libras, fue campeón nacional semi completo y pesado, ganándole a Louis Smith y perdiendo por descalificación ante Cárdenas. El «Cabo» ganó y perdió con Antolin Fierro, Roleaux Saguero y fue vencido por el aguerrido Leo Houck, uno de los mejores de la época. Esparraguera era un buen estilista, con jab certero y buena esquiva. Su victoria más importante fue sobre Homer Smith, peso completo de Michigan que se había enfrentado a Jack Dempsey y a otras estrellas del ring.

Goyito Rico se coronó campeón nacional peso completo en tres ocasiones entre 1927 y 1933, enfrentándose a Roleaux Saguero y John Herrera. Goyito fue el mejor peso completo cubano de la época; era valiente, pegaba duro y fue popular en Cuba, México y Sur América donde llevó a cabo una carrera que se extendió desde mediados de los años veinte hasta finales de los años treinta.

EL TRÍO DE ESTRELLAS DE SAGUA LA GRANDE

Sagua dio el prospecto Esteban Gallard, quién combatía bajo el nombre de Kid Charol. Con elegante boxeo y buena puntería para colocar los golpes, Charol se mantuvo invicto en sus primeras 26 peleas.

Charol se consagró en Cuba derrotando a Enrique Ponce De León, a Martín «El Cocinero» Pérez, a Clemente Sánchez («La Pantera de Camajuaní») y a Fello Rodríguez. Su victoria sobre el español Ricardo Alis, consagró a Charol en la categoría mundial.

Charol viajó a Perú, Chile y Argentina, apuntándose knockouts sobre Víctor Alba y decisión por puntos sobre KO Brisset, a quien derribó cinco veces. En Buenos Aires fue tan popular que se le contrató de actor principal en una película.

A pesar de llevar una vida marcada por la fiesta y el buen vivir, con salud quebrantada, Charol peleó tabla con Dave Shade, considerado uno de los cinco primeros retadores en la división de los welter. Los fanáticos del deporte argumentan que Charol se merecía la victoria, pero lo cierto es que los cronistas de la época indicaron que la

Postales de boxeadores cubanos de 1925-1935.

tabla fue piadosa y Shade se merecía el triunfo. Esa pelea fue la última comparecencia de Charol en el ring.

Cinco meses después de pelear con Shade, Charol murió de tuberculosis en Buenos Aires, el ocho de octubre de 1929. Unos meses después, Mario Cotilla, su manager, se suicidó en Panamá.

Sagua no sólo dio a Charol de estrella del ring. Hay que añadir a Ramón Cabrera (Roleaux Saguero) y el «Relámpago Saguero» Reemberto Dúo.

Roleaux Saguero nació en Pinar del Río pero su nombre está asociado a Sagua. Roleaux peleó en las divisiones pesadas y llegó a ser estelarista de primera línea y campeón nacional ligero pesado y completo. Se anotó un triunfo por descalificación sobre Homer Robertson –un buen boxeador norteamericano– y perdió por puntos con el campeón peso completo británico Larry Gains.

Reemberto Dúo (Relámpago Saguero) era peso welter de primera categoría a quien le sobraba el valor entre las cuerdas. Su expediente –aún incompleto– recopilado por cronistas e historiadores del deporte confirman 62 victorias 22 derrotas y 4 tablas, con 30 triunfos por la vía rápida, aunque es probable que Dúo peleó más de 150 combates.

Relámpago peleó en Cuba, Estados Unidos, Europa y Puerto Rico, dirigido en su carrera por Pincho Gutiérrez, el hombre clave en desarrollar a Black Bill y Kid Chocolate. El expediente de Dúo muestra dos triunfos por knockout sobre el veterano Lalo Domínguez y dos victorias por decisión sobre el filipino Lope Tenorio y el holguinero Kid Calixto.

Entre las victorias significativas de Dúo se encuentran los combates con Hilario Martínez, excelente púgil español olvidado por los historiadores. El poco conocido Hilario tiene victorias en su expediente sobre dos inmortales del ring, los campeones Jack Britton y Johnny Dundee. Martínez le ganó a ambos pero perdió cuatro de cuatro con el Relámpago Sagüero.

Relámpago derrotó a Baby de La Paz, Joe Coego y Anisio Orbeta por la vía rápida y perdió por decisión con el ex-campeón mundial Tommy Freeman, la estrella europea Ignacio Ara, el chileno Tany Loayza y el legendario Kid Azteca.

Relámpago Saguero.

Después de retirarse del ring como boxeador, Dúo continuó en el deporte como árbitro (referee) llegando a arbitrar centenares de combates en Cuba y Estados Unidos.

EL TOPACIO DE CIENFUEGOS

El «Topacio de Cienfuegos,» Enrique Ponce De León, combatió en las divisiones ligera y welter y se puede considerar como uno de los primeros estelaristas cubanos en ser «trotamundo» ya que viajó a Estados Unidos y al continente Europeo para enfrentarse a hombres de calibre. Los entrenadores del Topacio fueron Víctor Achan y Louis Smith, pioneros del boxeo cubano.

Ponce De León triunfó sobre Fello Rodríguez y Jack Coullimber, hizo tablas y fue derrotado por Charol y en 1924 perdió por puntos contra Tommy Freeman, futuro campeón mundial. En septiembre de ese mismo año, Ponce De León perdió una decisión en quince asaltos contra Piet Hobin, campeón welter de Europa, en Barcelona.

ESTRELLAS DE PESO LIGERO

En la división de los pesos ligeros un trío de ases se enfrentaron entre sí con apoyo de los fanáticos. Lalo Domínguez, «El Terrible Mulato,» primera estrella «del patio» fue derrotado por Cirilín Olano y Aramís Del Pino, a quien Lalo derroto en revancha.

Cirilin Olano fue el primer boxeador cubano en alcanzar categoría mundial. Cirilín se anotó nocao sobre Jack Coullimber, dos victorias sobre Lalo Domínguez, le propinó fulminante knockout a Pedro Isla y derrotó a Del Pino, estableciéndose como el mejor peso ligero de Cuba, llegando a ser considerado como contrincante para el monarca mundial Benny Leonard. En una eliminatoria para retar a Leonard, Cirilín se anotó impresionante knockout sobre Clonnie Tait –campeón canadiense– pero fue derrotado por el chileno Tany Loayza en el segundo combate eliminatorio.

Al ausentarse Olano de Cuba en gira pugilística, el cetro nacional de los pesos ligeros fue discutido en eliminatoria entre los dos mejores prospectos de la división: Armando «Jack» Santiago y Anisio Orbeta, ambos estrellas graduadas de los topes amateur capitalinos. Orbeta fue campeón nacional amateur y tenía una racha de triunfos por la vía del knockout en las filas profesionales, mientras que Santiago –hijo de cubanos nacido en Tampa– lo mismo peleaba en Cuba que en Estados Unidos. En combate frente a frente, «Jack» Santiago se impuso por la vía rápida en nueve asaltos, derribando a Orbeta con un poderoso gancho al cuerpo.

Orbeta continuó su carrera, anotándose triunfos y siendo derrotado por Remberto Dúo (Relámpago Saguero) en tres asaltos. Orbeta era buen prospecto hasta que se enfrentó a Lázaro Souval, a quién derrotó por nocao, fracturando la quijada de Souval con un durísimo gancho. Souval falleció esa misma semana, cuando una sobredosis de anestesia al ser operado del maxilar, provocó su muerte. Poco después del trágico accidente, Orbeta colgó los guantes, continuando como excelente entrenador y manager.

Armando «Jack» Santiago, residió en La Habana, Chicago y Tampa, siendo ídolo local en las tres ciudades. El cubanito boxeaba bien y tenía la mano muy pesada, anotándose impresionantes triunfos por nocao sobre dos conocidos púgiles: Joey Sangor y Young Finnegan.

En 1929 Santiago se enfrentó a dos campeones mundiales, Benny Bass y Tony Canzoneri, perdiendo contra ambos, pero derribando a Canzoneri a la lona por un conteo de siete en el primer asalto antes de sucumbir en el quinto contra el gran peleador ítaloamericano.

El entrenador de Santiago era Juan Martines Govantes (Venao), quien entrenó a muchos púgiles de la época, incluyendo a Johnny Cruz, José Castillo, Enrique Valdéz, Mario Blanco, Cirilín Olano y otros.

PINO Y SANTANITA

Genaro Pino fue campeón peso mosca y gallo de Cuba y se enfrentó en dos ocasiones al futuro monarca peso pluma Petey Sarron, quien se especializó en derrotar cubanos, ya que también le ganó tres encuentros a Gilberto Castillo, popular estelarista de la época.

Antonio Santana, peso mosca de Ciego de Ávila, fue uno de los jóvenes prometedores de la época. Después de 19 triunfos consecutivos, 17 por la vía rápida, Santanita fue a New York, donde fue discípulo del entrenador de Jack Dempsey, Jimmy De Forest. En la Babel de Hierro, Santana se apuntó dos triunfos sobre Johnny Lázaro y venció a Mickey Doyle, Bill Smith y Joe Tulo. El valiente boxeador cubano se retiró del ring con un expediente de más de 80 combates que lo vio intercambiar cuero con Divino Rueda, el ídolo de Cienfuegos, con el «Tifón Filipino» Bill Dempsey, con Fillo Echevarría, Baby Malpica, Marinito Díaz y Kid Charolito. En 1932 Santana se retiró del ring para trabajar de empleado de la empresa telefónica cubana.

OTRAS ESTRELLAS DE LA ÉPOCA

Emory –o posiblemente Amaury– Cabañas desarrolló toda su carrera en Estados Unidos, donde llegó a anotarse una victoria sobre el campeón Louis Kid Kaplan y empató con el conocido Andre Routis. Emory fue un estelarista de primera línea, pero ha sido olvidado en los recuentos del boxeo cubano, probablemente por haber desarrollado su carrera en el estado de Maine.

Otros púgiles cubanos de la época incluyen a: Sparring Caballero, Ernesto Morejón, Modesto Morales, Tomás Guerra, Kid Pelusín, Ángel «Soldadito» Díaz, Alex y Mike Publes, John San Pedro y dos boxeadores que llegaron a ser populares cronistas deportivos después de retirarse del ring: Tommy Albear y Jess Losada.

Albear era peso mosca con mucho valor, buena técnica y poca pegada. Su nivel pugilístico no pasó de los segundos planos, pero como cronista tuvo una carrera de medio siglo escribiendo para numerosas revistas y publicaciones nacionales.

Jess Losada era un peso mediano de buena estatura y con técnica aprendida en Estados Unidos, pero su carrera entre las sogas se eclipsó en 1922, ante los golpes del boricua Nero Chink, un «hueso duro» entre los jornaleros del ring. Losada llegó a ser uno de los grandes cronistas deportivos de Cuba, figura popular en la Cuba republicana durante décadas.

CAPÍTULO V

BLACK BILL:
EL PRIMER RETADOR CUBANO

Eladio Valdéz nació en La Habana en mayo de 1905 en el humilde barrio de Belén, donde desde la infancia, se ganó la reputación de ser «candela.»

Su espíritu bohemio y pendenciero le llevó –desde muy joven– a probar su destino en el cuadrilatero con la suerte de caer en manos de Mike Castro, uno de los mejores entrenadores de Cuba. El ex campeón de Cuba vio en el niño un talento natural. Eladio Valdéz se convirtió en el terror de los topes amateur capitalinos venciendo a todo peso mosca que se le enfrentó.

En el boxeo –no sólo en Cuba, sino en muchos países– se acostumbra utilizar nombres de guerra que honran a boxeadores de generaciones pasadas. Jack Dempsey –el gran campeón de los pesos completos- no fue el primer Jack Dempsey –el original pertenece al siglo anterior, a la época de Corbett y Sullivan. El boxeo ha tenido a Peter Jackson y Young Peter Jackson, a Jim Corbett y Young Corbett II, a Joe Gans y a Panamá Joe Gans y Baby Joe Gans.

Eladio Valdez adoptó el nombre de guerra de Black Bill, honrando a un peso completo de comienzos del siglo que se había medido con

Black Bill.

los mejores de su época, aunque nunca se estableció como retador o contendiente serio. El Black Bill original –Claude Brooks– no era tan bueno como el que adoptó su nombre.

Siendo aun menor de edad y pesando apenas cien libras, Black Bill debutó como profesional a los quince años, anotándose la victoria en cuatro asaltos sobre otro fogoso novato llamado Enrique Valdéz. Para 1922 Black Bill era campeón nacional de la división mosca, con una racha de victorias, incluyendo nueve triunfos sobre Modesto Morales.

En Cuba abundaban los pesos pluma y ligero, pero los moscas y gallos estaban escasos. Modesto y Bill se enfrentaron diez veces y con la excepción de una tabla, Bill ganó todos los combates. El negrito de Belén se subió al ring contra Genaro Pino –peso mosca que más tarde invade el peso gallo– y a pesar de que Pino era más corpulento, Bill ganó dos de tres combates.

El fogoso Bill atrajo la atención de Luis Felipe «Pincho» Gutié-rrez, joven adinerado con pasión por el deporte de las narices chatas.

«Pincho sabía mucho boxeo,» declaró el entrenador Carón Gonzá-lez, quien le conoció, «Pincho entraba en un gimnasio y miraba a un muchacho dos minutos y sabía si servía o no. Y Pincho era decente, pero de bobo no tenía un pelo.»

Para 1925 Gutiérrez invadió New York con una escuadra de bo-xeadores que incluían al español Ignacio Ara, al peso completo argen-tino Víctor Campolo, a Black Bill, Relámpago Saguero, Baby Joe Gans y Canadá Lee, quien después de colgar los guantes llegó a convertirse en conocido actor de cine y teatro.

Pincho sabía que abrirse paso en la babel de hierro no era fácil y se asoció a Moe Fleischer, un joven entrenador y manager que conocía el mundo del boxeo norteamericano.

En aquellos años –antes de las bolsas gigantescas y la televisión– las arenas de boxeo abundaban y había muchas oportunidades de pelear. En 1925, Black Bill estaba dispuesto, peleando ocho estelares en menos de tres meses, y triunfando en todos ellos, se convirtió en centro de atención, comentado por la prensa, con ofertas de peleas por bolsas considerables en comparación con cincuenta o cien pesos ganados por un estelar en Cuba.

Bill se enfrentó al Cabo Izzy Schwartz en cuatro combates en 1925; el Cabo llegó a campeón mundial en 1928, pero en New York en 1925 perdió tres de cuatro con el cubanito del barrio de Belén.

Bill era un héroe en New York y Cuba, pero en ambos lugares había problemas. Una reyerta callejera en La Habana, una borrachera pública en New York, horas bailando Charleston en centros nocturnos y no faltando mujeres, todas más corpulentas que el pequeño peso mosca.

«Hay una anécdota que se cuenta sobre Bill,» dijo Carón González, «que toma lugar en una pelea de Bill contra un oponente que no podía con él…había un tipo en las gradas, por allá arriba que gritó un par de veces «Black Bill eres un abusador» y Bill miró hacia las gradas en el medio de la pelea y en un segundo ubicó al gritón. Terminado el combate, Bill va camino al camerino, de repente se desvía, sube a las gradas y le suena un trompón al tipo. Black Bill era un personaje…»

«Era muy difícil de controlar,» dijo Moe Fleischer en una entrevista, «Bill era muy simpático y chapurreaba el inglés, pero no hacía caso a nada que le decíamos. Si ganaba mil dólares gastaba el dinero en una noche. Llegó el momento en que Pincho le daba dinero diario ya que si se lo daba semanal no llegaba al segundo día. En 1928 y 1929, cuando Chocolate era su compañero de escuadra en New York, Bill era muy popular en Canadá. En ese momento había varios pesos moscas muy buenos en Toronto y yo fui con Bill a Canadá y le ganó a Happy Atherton, a Harry Goldstein y a Johnny McCoy. Pincho siempre me decía –Moe, no le des su parte de la bolsa a Bill que se la gasta en una noche. Dile que yo le pago al regreso a New York…Y Bill se pasaba el viaje de regreso tratando de convencerme que le diera dinero.»

«Yo he trabajado con muchos campeones y clasificados,» continuó diciendo Moe en la entrevista, «pero los dos mejores fueron mis dos cubanos, Chocolate y Bill. Black Bill tenía un talento enorme, a lo mejor hasta más que Chocolate. Bill era muy loco, se casó con una mujer que pesaba el doble de lo que pesaba él, fácilmente más de doscientas libras. Y aun así, seguía fiesteando y contrajo sífilis pero no me lo dijo y la enfermedad le afectó la vista. Se estaba quedando ciego, no quería que Pincho y yo le obligáramos a retirarse, y no decía nada… para 1930, cuando llegó la oportunidad de pelear por el título ya estaba mal. Mucho tiempo después nos enteraríamos que ya entonces se estaba quedando ciego, que no veía bien del ojo izquierdo…lo que era peligroso. Si no ves los golpes venir no los puedes esquivar.»

El negrito del barrio de Belén fue el primer cubano en retar por un campeonato mundial, el 21 de marzo de 1930 contra Midget Wolgast en pelea eliminatoria por el campeonato mundial –versión de New York– peso mosca. En el medio de una depresión económica mundial, donde se podía sobrevivir modestamente con un ingreso de cuarenta dólares mensuales, Black Bill recibió mil quinientos dólares por enfrentarse a Wolgast, un púgil que no pegaba duro pero tiraba muchos golpes. En la esquina de Wolgast se encontraba un joven que llegaría a ser uno de los grandes promotores de la historia del deporte: Chris Dundee.

En los primeros asaltos el cubano se impuso con boxeo rápido y combinaciones certeras, pero los golpes de Wolgast le amorataron el ojo derecho a Bill. Ciego del ojo izquierdo y con el derecho inflamado, el cubano combatió con valor frenético pero el Midget se impuso, terminando el combate golpeando fieramente al muchacho de Belén. La decisión fue justa: Wolgast se coronó campeón y Bill lloró en el camerino mientras Chocolate, camino a la gloria, pulverizaba a Allie Ridgeway en el segundo asalto de la doble cartelera.

Black Bill estaba mal y sólo tenía veinticinco años. Medio ciego, sifilítico y bebedor, continuó peleando, ganando unas y perdiendo otras, hasta que Pincho y Moe se percataron de la ceguera y obligaron a Bill a retirarse del ring con un expediente verificado de 107 victorias, 19 derrotas y 11 empates. Nunca fue derrotado por la vía del nocao.

Pincho le había rogado mil veces que invirtiera su dinero, pero Bill se lo gastó en póquer, mujeres y bebida. Por tres años residió en New York, viviendo de unos dólares que Pincho o Chocolate le daban de vez en cuando, y recibiendo una mensualidad de la caridad publica, mientras bebía diariamente.

Eladio Valdéz, mas conocido por Black Bill, veterano de numerosas batallas en el ring, se suicidó de un disparo en New York el 14 de abril de 1933, a la edad de 28 años.

Pincho, Chocolate y Moe Fleischer.

CAPÍTULO VI

KID CHOCOLATE: EL PRIMER CAMPEÓN

Eligio Sardiñas Montalvo, a quien el mundo conoció por su nombre de guerra –Kid Chocolate– nació en el Cerro el 28 de octubre de 1910, hijo de un humilde obrero y de madre que planchaba ropa para sufragar los gastos de alimentar a seis hijos.

Al quedar huérfano de padre a los cinco años de edad, Eligio conoció el hambre y la pobreza. Desde muy joven, Yiye, como lo apodaban sus amigos del barrio– trabajó para ayudar a su familia, vendiendo periódicos o limpiando zapatos, mientras su hermano Domingo intentaba, sin mucha suerte, encaminarse en el boxeo.

Domingo Sardiñas –que usaba el nombre de guerra de Knockout Chocolate– era mediocre en el ring, pero su hermanito era súper dotado. Se ha escrito que Kid Chocolate tuvo cien combates amateurs y los ganó todos, ochenta y seis por la vía del nocao. Hay cronistas del ring que disputan la veracidad de la cifra y realmente hay poca información escrita o narrada que indique que la cifra sea veraz y no una exageración publicitaria.

Si tuvo cien peleas o no, lo cierto es que para 1926 el adolescente era brillante estilista con certeras combinaciones y gran confianza en su habilidad entre las sogas.

Su entrada en el giro del profesionalismo comenzó con una racha de triunfos impresionantes. Se impuso dos veces sobre Johnny Cruz, se anotó nocaos sobre Pablito Blanco, Ángel Díaz y otros, siendo contratado por Pincho Gutiérrez, el apoderado de boxeadores más conocido en Cuba, el hombre que había llevado a Black Bill en gira triunfante por New York.

Chocolate, siguiendo los pasos de Black Bill, fue a New York, donde tuvo que mentir, falsificando sus papeles para poder pelear encuentros estelares a pesar de ser aún menor de edad. Aunque no había cumplido los 18 años Chocolate se enfrentó a Eddie Enos en combate estelar pactado a ocho asaltos.

Enos era un púgil local con expediente mediocre pero sirvió para que los fanáticos del boxeo vieran al Chócolo en su debut en los cuadriláteros de Estados Unidos. El joven cubano derrotó a Enos por la vía rápida en tres asaltos y los fanáticos quedaron impresionados con la velocidad y estilo del muchacho.

Las victorias continuaron, anotándose el Kid cinco triunfos en menos de dos meses, tres de ellos por la vía rápida, todos sobre púgiles que no estaban en la misma categoría que el Bon Bon Cubano. El primer triunfo impresionante de Chocolate fue una victoria por decisión sobre Johnny Erickson, buen boxeador con experiencia y valor. Antes de concluir el 1928 fue derribado y no obstante ello, hizo la pelea tabla con «El Boticario» Joey Scalfaro, un prospecto con experiencia, buena pegada y una racha de triunfos.

En menos de tres meses el Bon Bon del Cerro era reconocido en todo el mundo del boxeo como una estrella en meteórico ascenso.

«Era increíble,» declaró Moe Fleischer al autor de este libro, «me di cuenta que era excepcional desde la primera vez que lo vi pelear. A mí no se me olvida una noche en que estábamos en una ciudad donde no había camerinos y el Kid tenia que cambiarse de ropa en un cuartico que tenía una cocina de gas. Yo lo dejé solo por unos minutos mientras hablaba con el promotor y al regresar al cuarto me di cuenta que había olor a gas. Alguien quería darle la ventaja al héroe local y dejaron abierta la llave, lo cual era algo muy peligroso…Chocolate estaba medio borracho de respirar aquel gas y como había estado en el cuarto algún tiempo no sentía el olor…yo apagué el gas y salimos al pasillo. Le dije a Chocolate que suspendería el combate y el Kid me

Chocolate chiquillo.

respondió en mal inglés –No, Moe, yo solo necesito un round…y así había de ser. Estaba un poco mareado y caminamos lentamente hacia el ring. La campana sonó y Chocolate salió y tiro un par de combinaciones y el contrario cayo a la lona como un fardo. Chocolate era especial, uno de los grandes campeones de todas las épocas…»

Kid Chocolate se mantuvo invicto hasta mediados de 1930 derrotando a los mejores pesos pluma del mundo, incluyendo al ex-campeón Fidel La Barba, a Al Singer, Chick Suggs, Bushy Graham y al prospecto Allie Ridgeway a quien pulverizó en dos asaltos ante diecinueve mil fanáticos la misma noche que Black Bill disputó el cetro mosca en eliminatoria con Midget Wolgast.

«Yo tuve muchas peleas contra hombres muy buenos,» declaró Allie Ridgeway en entrevista años después, «y le gané a boxeadores de calibre pero los fanáticos siempre me recuerdan por la paliza que me dio Chocolate…era algo increíble, muy rápido y con unas combinaciones muy certeras.»

En 1930 Chocolate sufrió su primera derrota, un combate por decisión con Jackie Kid Berg, un inglés con mucho valor y gran condición física. Ese mismo año el joven cubano se enfrentó a Bat Batalino por el título mundial pluma, perdiendo por puntos en quince asaltos, pero ambos combates fueron interesantes, con los partidarios de ambos bandos argumentando victoria para su favorito.

«Chocolate me derribó a la lona en el primer asalto,» declaró Batalino en una entrevista años después, «y yo me puse en pie y concentré mi ataque al cuerpo de Chocolate. Me dio con muchas combinaciones, pero le castigué el cuerpo muy duro y para mediados del combate empezó a perder fuerza y velocidad y gané la decisión de los jueces.»

«Berg fue el hombre más valiente con quien me enfrenté,» declaró Chocolate en entrevista años mas tarde, «le di con todo y en esa época yo tenía una velocidad que asustaba, pero Berg me fue pa' arriba como perro con rabia.»

«Yo sólo tenía veintiún años cuando me enfrenté a Chocolate,» declaro Jack Kid Berg en una entrevista, «y ya había peleado con hombres muy duros incluyendo a Tony Canzoneri y Mushy Callahan. Las dos peleas que celebré con Chocolate fueron las más importantes de mi carrera, las que todo el mundo recuerda. El cubano era muy rápido pero le gané con un ataque constante y las dos peleas fueron duras. Al concluir la primera pelea fui a su esquina a hablar con él y saludarlo, pero Chocolate estaba llorando y no podía hablar. Había sufrido su primera derrota.»

En 1931 el joven boxeador cubano se enfrento a Benny Bass de Philadelphia por el campeonato mundial de las 130 libras.

Bass, nacido en Ukrania, era un tigre en el ring. Como Chocolate, debutó en las filas profesionales en su adolescencia y una década después era campeón del mundo y tenía un expediente de más de 150 combates profesionales con sólo 14 derrotas, la mitad por descalificación.

Bass no era fácil, sabía boxear, pegaba duro, era matrero y tenía el valor que caracteriza a un campeón.

Chocolate en entrevista declaró: «Lo puse que pedía auxilio. Usé mi izquierda mucho. Hubo una vez en que le pegué doce jabs seguidos sin recibir ni uno…le corté los ojos, la bemba, la nariz.»

El nuevo campeón mundial ganó miles de dólares en una época en la cual el mundo se encontraba en una horrible depresión económica y un hombre podía subsistir, como se dijo anteriormente, con menos de cuarenta dólares mensuales. Chocolate compró una casa en La Habana para su familia en lo que fue su única inversión bien pensada, ya que el resto del dinero fue invertido en trajes de dril, zapatos de dos tonos, automóviles, fiestas, drogas, bebida y mujeres.

«Pincho le aconsejaba mucho,» declaró su entrenador Moe Fleischer, «pero no escuchaba. Las mujeres lo perseguían y él se dejaba atrapar. Tenía mucho talento y entrenaba duro pero le gustaban mucho las fiestas y eso lo afectó rápidamente.»

Después del triunfo sobre Bass, Chocolate se vengó de su antiguo rival Joey Scalfaro, ganando por nocao técnico en el primer asalto. Cuatro victorias más tarde, la noche del 20 noviembre 1931, Chocolate subió al ring en New York para enfrentarse a Tony Canzoneri por el cetro mundial peso ligero.

Canzoneri era un campeón de gran destreza entre las sogas, un dotado que pertenece –al igual que Chocolate– en el Hall de la Fama. Canzoneri tenía un expediente impresionante con triunfos sobre Al Singer, Jack Kid Berg, Benny Bass, Bud Taylor, Pete Nebo, Goldie Hess y un batallón de pugilistas de gran calibre.

El combate entre Canzoneri y Chocolate fue un encuentro legendario entre dos estrellas camino a la inmortalidad. Canzoneri golpeó las costillas del cubano y el Chócolo colocó combinaciones en el rostro de su contrincante con la puntería de un francotirador. Chocolate fue derribado por un derechazo a la quijada en el cuarto asalto y para el quinto Canzoneri sangraba de una herida sobre una ceja; el combate fue a quince asaltos, reteniendo Canzoneri el cetro en discutida decisión.

El año 1932 fue el mejor momento de la carrera de Chocolate, peleando diecinueve veces y perdiendo una sola, contra Jack Kid Berg. En 1932 el Bon Bon del Cerro se coronó campeón peso pluma –versión sancionada por la comisión de New York– al derrotar al peligroso Lew Feldman. El cubano defendió dos veces el cetro de las 130 libras, imponiéndose sobre Davey Abad en La Habana y Eddie Shea en Chicago, y defendió el cetro pluma al finalizar el año, imponiéndose por puntos sobre el astro de California, Fidel La Barba.

Chocolate –joven y simpático– era una estrella de fama mundial. Sirvió de modelo, posando desnudo para un libro de fotografías sobre el cuerpo humano. Bailó y bebió en los mejores centros nocturnos de La Habana y New York, codeándose con artistas de cine, músicos famosos y la crema de la sociedad de la época. Viajó a Europa, paseó los cabarets de Paris en compañía de Carlos Gardel, enamoró coristas, bebió champagne en París y vino tinto en Barcelona y visito las tabernas de Madrid.

Las noches largas comenzaron a afectarlo. En 1933, Chocolate ganó impresionantes victorias sobre siete contrincantes, pero perdió dos veces, un aviso de que su talento comenzaba a desvanecerse.

La primera derrota fue una bochornosa paliza recibida de los puños del inmortal Canzoneri. El primer encuentro entre ambos había sido un combate bastante parejo; el segundo una derrota amarga y veloz. Chocolate, con 23 años recién cumplidos se veía lento y el valiente Canzoneri se aprovechó del letargo del cubano, golpeándole ferozmente. En el segundo asalto Chocolate fue derribado a la lona en la conclusión de una de sus más humillantes derrotas.

El Kid renunció al cetro pluma pero perdió el campeonato de las 130 libras en combate donde tenía ventaja. El retador –Frankie Klick– era un pugilista de San Francisco con la reputación de ser un fajador con poca pegada, un jornalero del ring con tres derrotas consecutivas al enfrentarse a Chocolate por el cetro.

Klick subió al ring con hambre de ser campeón, en buenas condiciones y dispuesto a pelear; Chocolate intentó dar lo mejor de sí, pero no tenía suficiente. Las noches de juerga le traicionaron, sus reflejos fueron desvaneciéndose ante el ataque constante de Klick, quien atacó el cuerpo del cubano con ganchos. Para el séptimo asalto la esquina de Chocolate intervino y el ídolo del Cerro perdió la corona, derrotado por segunda vez en cuatro semanas.

A los 23 años de edad, ya Chocolate era un púgil en el ocaso de sus facultades. Su carrera continúo por cinco años más, pero su estrella se eclipsaba con cada combate. Aun le quedaba suficiente para derrotar a su viejo contrincante Johnny Erikson, al valiente ídolo de Cayo Hueso descendiente de cubanos Pete Nebo y a Lew Feldman, perdiendo con Pete Hayes y Simón Chávez y haciendo tabla con Bernie Friedkin y Tommy Paul.

Pincho sabía que el Kid estaba fuera de la primera línea y la mayoría de los combates de Chocolate de 1934-1938 fueron contra jornaleros del ring, como Pelón Guerra, Joey Woods, Al Gillete y Charlie Gomer.

En 1938 Kid Chocolate peleó dos veces, siendo el primero de los encuentros su ultima gran pelea, el momento en que pudo recuperar por amor propio, algunas de sus gastadas facultades para enfrentarse a Julián «Fillo» Echevarría.

Chocolate le gana a Feldman.

Chocolate y Fillo en el ring.

59

Fillo era hueso duro de roer, un buen fajador que debutó al profesionalismo en combates estelares pactados a diez asaltos. El peso pluma vasco se convirtió en ídolo de Cuba, nación que le adoptó con cariño y donde el valiente peleador formó a su familia. Echevarría tenía triunfos sobre dos campeones mundiales –Izzy Schwartz y Baby Arizmendi– le había durado diez asaltos al campeón pluma Freddie Miller –en pelea no titular– y se había anotado triunfos sobre todos los prospectos cubanos de la época incluyendo a Divino Rueda, Antonio Santana y Conguito Camagüeyano.

Chocolate nunca había sido derrotado en suelo cubano y en el ocaso de su carrera buscó de donde no tenía y logró volver a capturar destellos de su grandeza. En diez furiosos asaltos, Chocolate se impuso por puntos sobre Echevarría, no sin tener que trabajar muy duro, ya que el pequeño peso pluma era un hombre de talento y coraje.

La última pelea de Chocolate fue una tabla –piadosa según los historiadores– con Nicky Jerome, púgil fuerte y lento que estuvo muy cercano al triunfo sobre el veterano del Cerro.

El expediente de Kid Chocolate contiene 135 triunfos (51 por KO) 10 derrotas (2 por KO) y 6 tablas con un total de 151 combates profesionales.

Al concluir su carrera, el Chócolo regresó a su casa en Cuba, frente al parque japonés, donde aún tenía la admiración del público. Trabajó de entrenador pero nunca llegó a tener un campeón o estelarista de calibre mundial y dobló el lomo en algunos trabajos insignificantes, ocasionalmente enfrentando algún problema con la ley por incidentes de menor importancia.

Al llegar la revolución, Chocolate permaneció en el país –donde se le avaló políticamente pero se le ignoró en nivel individual– reduciéndose el gran atleta a vivir en pobreza similar a la de su infancia. Recibió una modesta pensión del gobierno, pero en una nación empobrecida por cambios sociales y dictadura marxista, la pensión no le alcanzaba ni para comprar el ron necesario para ahogar las penas.

Según relata el cronista deportivo británico Jonathan Rendal, quien fue el último periodista en entrevistar a Chocolate –seis semanas antes de su muerte– el ex campeón pasó sus últimos momentos en condiciones infrahumanas.

Chocolate y Fillo

En el cuarto de Chocolate –según Rendal– había heces en el piso, cucarachas caminaban sobre desperdicios de comida y el maltrecho colchón tenía manchas de orine. El Kid era en aquel momento un anciano desnutrido, alcoholizado, algo confundido por los achaques de la edad.

Chocolate se quejaba que dos cronistas de los órganos gubernamentales –los únicos periodistas permitidos en la Cuba castrista– habían visitado su hogar para entrevistarle como parte de su biografía, y nunca le habían devuelto sus fotos y recortes de periódicos de su época de gloria.

El primer campeón mundial de boxeo cubano, falleció en 1988 y sus restos descansan junto a su madre, en el Cementerio de Colón.

Enrique Santos "Baturrito Holguinero" y su manager Willy Del Pino.

Divino Rueda.

Antonio Santana.

CAPÍTULO VII

LOS HÉROES NACIONALES DE 1930-1940

Entre los pesos completos de la década se encuentran el ya veterano Goyito Rico y Federico Malibrán, quien tenía buen boxeo y buena pegada, pero tenía la desgracia de ser un peso completo–o en realidad un semi completo de 170 libras– en una nación donde los ligeros y welter abundaban, pero los pesados y semi-pesados eran pocos y de limitada experiencia. Malibrán viajó a Bélgica en 1934, perdiendo por nocao en cuatro asaltos contra el belga Pierre Charles –campeón peso completo del continente– veterano de noventa peleas profesionales.

El peso completo John Herrera –también conocido como Young Herrera– se distinguió en el boxeo en dos niveles. Como profesional fue lo suficiente bueno para en 1933, sobrevivir diez asaltos contra el chileno Arturo Godoy, y como entrenador fue el primer maestro de Teófilo Stevenson en la década de los sesenta.

En la categoría peso mediano, uno de los boxeadores más destacados fue Joe Legón. Se enfrentó a Kid Azteca en tres ocasiones, ganando dos por puntos y perdiendo una por knockout. Le ganó a Julio Pedroso por la vía rápida y perdió contra el maravilloso púgil norteamericano Holman Williams. Legón se anotó un expediente de 43-13-4, pero su vida terminó en una riña callejera.

También en los medianos figuró Pablo Ramírez, un estilista con buena velocidad. Su triunfo más significativo fue sobre el campeón ligero completo de Chile, Andy Cerezo. Otro peso mediano de la década fue Raúl Lezcano, quien logró un expediente de 28-2 como profesional, pero adquirió notoriedad en la política, llegando a ser alcalde de Marianao.

BABY DE LA PAZ; CAMPEÓN CENTRO AMERICANO

Baby de la Paz, miembro de la Marina de Guerra de Cuba, fue campeón centroamericano y nacional de los pesos welter. Fuerte, valiente y con buen estilo de boxeo, peleó tabla con Enrique Santos (El Baturrito Holguinero) y curiosamente ambos boxeadores llegaron a ser miembros de la misma cuadra de púgiles dirigidos por Willy del Pino.

Baby de la Paz, nativo de Fomento, fue derrotado por Kid Azteca y Relámpago Saguero y se anotó victorias sobre Kid Silver y Lefty Flynn en viaje a Jamaica. En Panamá venció a Serafín Centeno y le ganó por knockout al invicto Batt Ambrosio en seis asaltos. En Perú el cubano se anotó seis triunfos incluyendo victorias sobre Max Aguirre, campeón peruano, y Simón Guerra, campeón de Chile. El Baby de la Paz fue uno de los mejores boxeadores de la época, retirándose con todas sus facultades después de una larga carrera en el ring.

EL FOGOSO JOE COEGO Y EL BATURRITO DE HOLGUÍN

Joe Coego fue uno de los grandes ídolos de Cuba. No pegaba duro pero peleaba con entusiasmo. Coego se coronó campeón nacional de los pesos ligeros en dos ocasiones, dominando la división de 1934-1940. En combates titulares el fogoso Coego perdió por knockout y triunfó por puntos en sangrienta victoria sobre Sixtico Morales, se impuso sobre Cecilio Romero, Sixto Pérez, y fue derrotado por decisión por Young Souval. En su segunda etapa de campeón nacional, Coego se impuso por puntos en dos ocasiones sobre Orestes Burgos (Baby Oriental), repitió victoria sobre Sixtico Morales, le ganó al prometedor Joe Pedroso, y se vengó de Young Souval.

Enrique Santos (El Baturrito Holguinero) nunca fue campeón nacional de Cuba. En su único intento de coronarse fue derrotado por Joaquín Torregosa en quince asaltos. El Baturrito era uno de los mejores pesos ligeros de la nación, llegando a tener una racha de 22 victorias consecutivas. En más de cien combates peleó con el peligroso Baby La Paz, y cruzó guantes con buenos púgiles como Lázaro Souval, Jimmy Flynn, Gilberto Castillo, Castor Fernández, Baby Carpentier, Anselmo Salgado, Soldadito Molina y Kid Sánchez.

FILLO ECHEVERRÍA: EL VASCO QUE CUBA ADOPTÓ

Muchos boxeadores españoles hicieron carrera en Cuba. Castor Fernández nació en Asturias pero se crió en La Habana, donde desarrolló su carrera completa, peleando en decenas de encuentros en las carteleras capitalinas. El gran púgil español Hilario Martínez, el valiente Ignacio Ara y otros boxeadores de la península ibérica pasaron por Cuba, pero el boxeador español que se convirtió en ídolo nacional fue el peso pluma Julián «Fillo» Echeverría.

Echeverría nació en San Sebastián en 1912 debutando en el profesionalismo sin la más mínima experiencia amateur. Por si fuera poco, la primera vez que subió al ring fue para enfrentarse al campeón vasco –un profesional con experiencia– en pelea estelar. Echeverría, con solo quince años de edad, se anotó nocao en cinco asaltos sobre Martines Segundo, comenzando así una asombrosa carrera como estelarista desde su adolescencia.

El Fillo comenzó de peso mosca y terminó en peso pluma pero no le importaba regalar unas libras e intercambiar guantes con pesos ligeros.

Cuando apenas tenía dieciocho años y con solo seis peleas profesionales, Echevarría conoció a Manolo Braña, conocido promotor cubano en gira por la península ibérica. El cubano buscaba un peso completo para llevar a La Habana pero al llegar al gimnasio en San Sebastián quedó encantado con el Fillo.

Aunque Fillo Echevarría había nacido en tierra vasca, Cuba lo adoptó y él adoptó a Cuba. Fillo era boxeador pequeño y fuerte, con estilo agresivo de pelea –boxeaba bien pero se fajaba mejor– tenía la quijada de concreto y el valor de un miura.

Echeverría peleó con cinco campeones mundiales, ganando dos de los encuentros. En 1932 Fillo derrotó por KO –en cinco asaltos– al ex campeón mundial «El Cabo» Izzy Schwartz, quien era veterano de 123 combates profesionales. En 1935 Fillo se impuso en diez rounds sobre Baby Arizmendi, reconocido como campeón mundial en

México y California. En 1936, Echeverría perdió por puntos con Freddie Miller, campeón mundial pluma en pelea en la que no se disputaba el cetro mundial. Sufrió derrota por la vía rápida en 1938 ante el futuro campeón Lou Salica en nueve asaltos y perdió por puntos contra Kid Chocolate.

Echeverría se enfrentó a lo mejor de Cuba y Estados Unidos, intercambiando golpes con el canadiense Baby Face Matheson, Frankie Martin, Irish O'Grady, Young Dixon, el filipino Pablo Dano, Antonio Santana, Baby Malpica, Divino Rueda, Pedro Pablo Medina, Conrado Conde (Conguito Camagüeyano) y decenas de los mejores boxeadores de su época.

Después de abandonar el ring, Echeverría fue propietario de un gimnasio, entrenador y apoderado de boxeadores, así como maestro de educación física en la escuela «Columbus,» y cronista deportivo para varios periódicos en Cuba, México y Estados Unidos. El hombre chiquito con el corazón grande falleció en un hospital de Miami el 31 de diciembre de 1997.

CAPÍTULO VIII

KID TUNERO:
EL GRAN CABALLERO DEL RING

Era un mulato bien parecido, de sonrisa afable y buenos modales. Evelio Mustelier –a quien el mundo conoció como Kid Tunero– fue un boxeador de gran destreza, un estilista puro que estudiaba al oponente con esmero y ganaba los combates basándose en estrategia y buena técnica boxística.

El boxeador de Oriente nunca se coronó monarca mundial, pero derrotó a cuatro campeones y fue considerado un astro en el boxeo, llegando a ser clasificado número cuatro entre los retadores de los pesos medianos en 1942.

Evelio Mustelier nació el 19 de mayo de 1910, criándose en Banes y Holguín, donde de niño trabajó de limpiabotas y de adolescente de peón de albañil.

Comenzó su carrera en el ring como profesional, con poca experiencia amateur, pero Tunero era un hombre de habilidad natural, y de gran instinto en el ring. Aprendió rápido y pronto se convirtió en un estelarista trotamundos, peleando en cuadriláteros de Europa y Sur América, estableciéndose como figura internacional en el duro deporte de las narices chatas.

Tuvo una vida interesante, ya que llegó a conocer al gran actor Douglas Fairbanks, fue amigo del gigante literario Ernest Hemingway, aprendió a hablar francés, ganó buenas bolsas, visitó cuatro continentes donde fue agasajado por la prensa deportiva y se retiró del ring exitosamente, llegando a ser propietario de un gimnasio y apoderado de un campeón mundial.

Su primera victoria sobre un monarca del ring ocurrió en Paris, donde el cubano de Victoria de las Tunas le dio una lección de boxeo –en combate no titular a doce asaltos– a Marcel Thil, en aquel entonces campeón mundial de los pesos medianos. En ese mismo año –1933– Thil y Tunero pelearon revancha en combate titular y el cubano perdió su única oportunidad de coronarse por un solo punto de diferencia después de quince apretados asaltos. Dos años más tarde, en un tercer encuentro, Thil ganó otra apretada decisión sobre Tunero.

Tunero celebró tres combates contra Antón Christoforidis —quien llegó a campeón mundial de peso semi-completo— con el resultado de un empate y dos victorias por puntos para el cubano.

En 1936 Tunero le ganó por puntos en diez asaltos a Ken Overlin, quien en 1940 se coronó campeón de los pesos medianos.

La victoria más importante de Tunero ocurrió en 1942 cuando se enfrentó en un ring de Cincinnati a un joven llamado Ezzard Charles, quien llegó a ser uno de los grandes campeones de peso completo. Charles tenía una sola derrota en veintisiete combates y el cubano le proporcionó la derrota número dos de su carrera, con un boxeo de contragolpe que sorprendió al joven prospecto.

«Los golpes de Charles eran terribles,» escribió Tunero en su autobiografía, «La pelea fue magnífica; el público estuvo de pie durante casi todo el encuentro. Yo lo trabajaba desde afuera con la izquierda, como un esgrimista, y en el séptimo asalto me fajé, dándole tanto en el estomago que le saqué el aire...»

«Tunero,» escribió Ezzard Charles en 1959, «me dio la lección más hermosa de boxeo que he recibido en mi vida de boxeador. Me boxeó a distancia y me obligó a fallar casi todos mis golpes... en los cuerpo a cuerpo, Tunero era un maestro, un genio del boxeo... me ganó un mago del ring.»

Kid Tunero.

Kid Tunero se enfrentó a cuatro campeones mundiales y a numerosos púgiles de calibre internacional incluyendo al boricua José Basora y el peligroso Holman Williams.

Tunero se casó con una francesa, la bella Yolette Yol, con quien tuvo un matrimonio feliz y dos hijos, los que llegaron a ser profesores de arte.

Después de retirarse del ring con expediente de 99-32-16, con 35 de sus triunfos por nocao y solo 2 derrotas por la misma via, el gran boxeador regresó a Cuba por un tiempo, pero al llegar la revolución cubana, el hombre de Victoria de Las Tunas volvió a Europa, radicándose en la bella ciudad de Barcelona, donde llegó a ser considerado uno de los mejores entrenadores de boxeo del continente.

«Tunero era un hombre muy fino,» recuerda el ex boxeador Frankie Otero, «Le conocí cuando viajé a Europa y me impresionó por su educación y su manera correcta de hablar. Era un caballero, se comportaba con muy buenos modales y no usaba lenguaje vulgar.»

Como entrenador y manager, Tunero dirigió la carrera del campeón mundial José Legra, «El Puma de Baracoa,» así como la de varios campeones nacionales españoles incluyendo a Tony Ortiz y Pablo Sánchez. Invirtió bien su dinero, viviendo sus últimos años apaciblemente, hasta su fallecimiento en Barcelona, a la edad de 82 años, el 9 de octubre de 1992.

En sus viajes por Europa, Tunero tenía de compañero de andanzas y «sparring» a Mario Blanco, un boxeador cubano de cierta habilidad. Blanco se anotó en 1935, triunfo por decisión en Praga sobre Fraita Nekolky, –campeón nacional checo– quien tenía el apodo de «La Ametralladora,» siendo considerado uno de los mejores estelaristas de Europa.

Lo interesante de la vida de Mario Blanco –según reportó la periodista Elizabeth Burgos– es que el joven boxeador decidió residir en París, donde también se casó con una francesa. Cuando la guerra mundial comenzó, el cubano se unió a las fuerzas de Francia libre y llegó a ser héroe condecorado de la batalla de Monte Casino. Al regresar a Paris se encontró que su esposa –pensando que él había muerto en combate– se había casado nuevamente. Sin mucho ajetreo Blanco se buscó otra esposa francesa y fue –por algunos años– parte de la escolta del presidente Charles De Gaulle. Mario Blanco se jubiló con una pensión del gobierno francés, y vivió en Francia hasta su muerte, en 1999.

CAPÍTULO IX

LOS HÉROES DE 1940-1955

Niño Valdés y Kid Gavilán fueron dos de las estrellas que debutaron en esta época. En este libro se dedican capítulos a ambos, pero hay otros, muy buenos, que merecen ser mencionados.

Omelio Agramonte, nacido en 1924, fue profesional de 1945-1953, anotándose 41 victorias y 21 derrotas, con 27 triunfos por la vía rápida y 6 reveses de la misma manera.

Sus triunfos más importantes fueron sobre Johnny Holman –un buen estelarista– sobre Ted Lowry –veterano que le duró la distancia dos veces a Rocky Marciano– y sobre Joe Lindsay considerado uno de los mejores prospectos de los pesos completos. Agramonte fue derrotado por el Niño Valdés, por el fuerte pegador Cleveland Williams y el errático, pero peligroso, Bob Baker. Entre sus derrotas Omelio se podía vanagloriar de durar la distancia de diez asaltos en dos ocasiones con el gran Joe Louis, cuando el campeón estaba en el ocaso de su carrera.

Julio Mederos era fuerte, boxeaba bien y pegaba duro; aprendió a boxear enseñado por un joven llamado Luis Sarría, quien llego a ser entrenador de fama internacional. Los triunfos importantes de Mede-

Orlando Zulueta.

ros fueron sobre el gran campeón semi-pesado Harold Johnson y los mundialmente clasificados Roland La Starza y Bob Satterfield.

Mederos noqueó a Johnson en el segundo asalto y el norteamericano alegó haber sido drogado en el camerino al ingerir unas lascas de naranja tratadas con algún estupefaciente. El incidente fue investigado pero nunca se llegó a una conclusión definitiva.

La victoria sobre La Starza, noqueándolo en el quinto round, colocó a Mederos entre los mejores pesos completos de 1955. La Starza era boxeador con experiencia –contaba con 53 victorias y sólo 6 derrotas –y entre sus oponentes se encontraba Rocky Marciano.

Mederos nunca peleó por el título, pero se enfrentó al futuro campeón Sonny Liston, quien lo derrotó por la vía rápida.

LOS MEDIANOS Y LOS WELTER

Mario Raúl Ochoa era un peso mediano grande que concluyó su carrera en la división semi-pesada, pero intercambiaba golpes con los pesos completos, adjudicándose victorias sobre Omelio Agramonte y el Niño Valdés. Ochoa era fuerte, resistía y tenia buena pegada. Durante la década de los cuarenta fue considerado uno de los mejores peso medianos en la historia del boxeo cubano.

Wilfredo Miró comenzó su carrera en los pesos ligeros a los 18 años de edad, pero su cuerpo maduró entre las sogas y a los 23 años ganó el campeonato nacional de los pesos medianos, derrotando a Lino Armenteros por puntuación. Su pelea más importante fue una tabla con Tuzo Portugués, boxeador tico de calibre mundial.

Con 45 combates ganados de 61 peleados y habiendo noqueado a 24 adversarios, Wilfredo subió al ring contra Yvon Durelle, el pescador canadiense que fue retador de Archie Moore. Durelle despachó a Miró en dos asaltos y cinco meses después Joe Shaw lo noqueó en cinco, terminando las aspiraciones de gloria del valiente Miró.

Orlando Cepeda (Kid Charolito Spirituano) tenía una gran pegada, apuntándose numerosas victorias por la vía rápida en una carrera que le vio intercambiar golpes con buenos boxeadores, incluyendo al «Maestro» George Benton, considerado campeón sin corona peso mediano.

Isaac Logart comenzó peleando preliminares en los centrales Delicias y Chaparras, en Puerto Padre y Camagüey, eventualmente mudándose a La Habana. Buen boxeador con puntería al colocar el golpe, Isaac fue un trotamundos en el boxeo, desplegando su destreza en Cuba, Estados Unidos, Argentina, Jamaica, Puerto Rico, Francia, Italia y Canadá.

En una larga carrera que se extendió desde 1949 hasta 1966, Logart se anotó un expediente de 69-32-10 con 25 triunfos por la vía rápida, siendo derrotado por el agresivo Virgil Akins en combate eliminatorio por el título mundial welter. Anteriormente Logart había perdido una pelea y ganado otra contra Akins.

El expediente de Logart incluye victorias sobre campeones y retadores: Virgil Akins, Gaspar Ortega, Rudell Stitch, Joe Miceli, Gil Turner, Gabe Terronez y Yama Bahama. Sus derrotas, casi todas por puntos, fueron ante monarcas y estelaristas de calibre: Emile Griffith, Virgil Akins, Nino Benvenuti, Luis Manuel Rodríguez, Don Jordan y Joe Brown.

Otra estrella en la categoría welter fue Jesús «Chico» Varona, quien debutó en 1945, estableciendo un expediente de 68-28-3 contra los mejores púgiles de la división, ganándole al tremendo Johnny Bratton, a Danny Womber, Julio Pedroso, al panameño Young Finnegan y a Charley Cotton. Sufrió derrotas ante Miguel Díaz, Kid Gavilán, Kid Charolito, el argentino Eduardo Lausse y Gil Turner.

Miguel Díaz –vencedor de Varona– era un boxeador de buena calidad que también se enfrentó a los mejores de su época, siendo derrotado por los norteamericanos Joe Miceli y Vince Martínez, ambos mundialmente clasificados. El expediente final de «La Diabla» Díaz fue 50-18-3 con 29 de sus victorias por nocao.

Joe Pedroso desarrolló una larga carrera, enfrentándose al maravilloso retador Holman Williams, al también clasificado Tuzo Portugués, a Joe Legón, a Cocoa Kid, al boricua José Basora y a Kid Gavilán.

Baby Coullimber –Pablo Roca– era hijo de Jack Coullimber. Baby pegaba, boxeaba y asimilaba, llegando a ser triple campeon nacional, pero se le podía intimidar con santería. Coullimber era emocionalmente frágil y eventualmente fue a la prisión condenado por asesinar a su apoderado.

En su carrera de 1940-1949, Baby Coullimber se enfrentó a lo mejor de Cuba: Kid Gavilán –a quien le duró la distancia– Nacional

Santiago
Sosa

Humberto Sierra.

Puppy Garcia en
plena faena

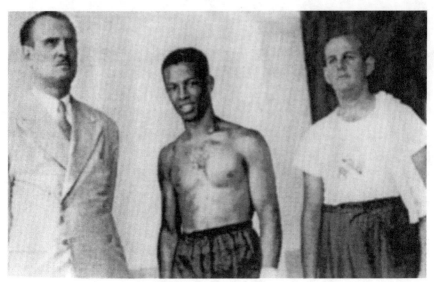

Pincho, Pedro Poey y Minito Navarro.

Una medalla de La Virgen cuelga del cuello de Isaac Logart cuando se preparaba para su combate con Virgil Akins.

Kid, Joe Pedroso, Santiago Sosa, Joe Legón, Kid Bururú, Julio Pedroso, Gallego Álvarez y Pedro Poey.

ECHEVARRÍA, LASTRE Y ZULUETA: TRES CLASIFICADOS MUNDIALES

Orlando Echeverría era un monumento a la perseverancia. Sus primeros dos años en las filas profesionales no fueron prometedores con seis victorias, cinco derrotas y dos tablas. La perseverancia y el hambre le ayudaron a triunfar y el zurdo llegó a ser considerado púgil de primera línea a nivel mundial. El zurdo Echevarría celebró cinco combates contra Armando López, un peso ligero criollo de buen calibre. López ganó dos, Echevarría dos y el quinto fue empate.

La gran oportunidad de Echevarría llegó el 26 de febrero de 1958, cuando se enfrentó al entonces campeón mundial Joe Brown, en pelea no titular. Orlando tuvo la mala suerte de pelear con el gran campeón cuando «Old Bones» estaba en la plenitud de sus facultades. Brown se impuso en el primer asalto. El zurdo Echevarría se retiro del ring con expediente de 47 victorias, 20 derrotas y 5 empates.

Rafael Lastre fue una estrella del boxeo cubano que llegó a ser considerado un retador serio para el cetro mundial. Su carrera comenzó en 1945 y perdió solo cuatro de sus primeros 39 encuentros, anotándose victorias sobre Isaac Logart, Basilio García y el ex campeón mundial de los pesos ligeros Lew Jenkins. El eclipse de Lastre comenzó en el verano de 1954 cuando derrotó por puntos a un gastado pero aún peligroso Ike Williams y perdió dos peleas por knockout contra el futuro campeón Bud Smith. Lastre perdió el título nacional peso ligero contra Fernando Silva, un joven que prometió mucho y se eclipsó después de ser coronado campeón nacional.

Otra estrella del ring fue el peso ligero Orlando Zulueta, quien viajó el mundo, se impuso sobre campeones y disputó el cetro mundial contra Joe Brown. Zulueta viajó mucho y sus peleas más importantes fueron lejos de los fanáticos nacionales en ciudades extranjeras: New York, Caracas, Montreal, Baltimore y Toronto.

Zulueta debutó en 1946 y con sólo seis meses en las filas profesionales peleó empate con Diego Sosa, quien ya era un estelarista reconocido con más de 30 peleas profesionales. En los meses siguientes Zulueta se batió con los mejores de Cuba y el mundo. Peleó dos veces más con Sosa –un triunfo y otra tabla– le ganó a Lino García, Osvaldo Socarrás y otros, perdiendo por puntos con Luis Galvani y el astro mundial Sandy Saddler, cuando Orlando sólo contaba 19 años de edad.

Zulueta era un mago en esquivar y su boxeo era refinado. Tenía buena quijada y con su buen boxeo no eran muchos los golpes que le conectaban. Su punto débil era su inexistente pegada, ya que Orlando sólo se apuntó siete triunfos por la vía rápida en sus 124 combates profesionales, de los cuales ganó 67, perdió 43 y empató en 14 ocasiones.

Hombre afable y simpático que llegó a ganarse la vida de fotógrafo después de abandonar el ring, Zulueta estaba dispuesto a viajar y su carrera lo llevó a Estados Unidos donde se estableció como un boxeador de calidad mundial, intercambiando cuero con campeones mundiales, retadores y prospectos de primera línea.

Zulueta peleó cuatro veces con Bud Smith, quien llegó a campeón mundial peso ligero. La primera pelea fue tabla, la segunda fue del cubano y las dos últimas del boxeador de Ohio, todas a decisión. En gira por Estados Unidos el cubanito perdió y triunfó sobre Paddy De Marco –futuro campeón– y en 1955 se anotó victoria en diez asaltos sobre el entonces monarca James Carter, en encuentro no titular. En 1957 y 1958 Zulueta perdió dos encuentros por puntos frente a Kenny Lane, futuro titular de las 140 libras.

El 19 de junio de 1957 Orlando Zulueta se enfrentó al campeón mundial Joe Brown en Denver, y la victoria fue de «Old Bones» quien derrotó al cubano por knockout técnico en 15 asaltos en pelea cerrada hasta el último momento. Al retirarse del ring, Zulueta se dedicó a la fotografía, arte para el cual tenía habilidad.

Otras estrellas del ring con quien Zulueta se batió incluyen a Len Matthews, Percy Bassett, George Araujo y Bobby Bell.

CIRO MORASÉN Y LOS HERMANOS GARCÍA

Ciro Morasén fue campeón nacional peso pluma por nueve años y en varias oportunidades se enfrentó a pesos ligeros. Clasificado entre los diez mejores de la división, el maravilloso santiaguero intercambió cuero con los mejores de la época. Morasén era brillante estilista con mucha velocidad, jab certero y formidable esquiva; su punto débil era su frágil mano derecha, víctima de fracturas, la cual Ciro sólo usaba con racionada oportunidad.

Una de las victorias importantes de Morasén fue sobre Miguel Acevedo, valiente púgil cubano quien estuvo clasificado en los casilleros mundiales. Acevedo fue campeón nacional peso pluma –con expediente de 51-18-6- y compitió con éxito en Estados Unidos, triunfando sobre Lulu Constantino, durando diez asaltos con el inmortal Willie Pep y peleando tabla con el campeón Phil Terranova.

Entre los peso pluma se encontraba Lino García, quien no tenía buen expediente perdiendo la mitad de sus combates, pero casi siempre duraba la distancia, daba buen espectáculo y sorprendía a algunos de los estelaristas de primera línea. Más allá de las cifras se debe destacar que le ganó a Diego Sosa, a Miguel Acevedo y peleó tablas con Orlando Zulueta y el valiente Acorazado Martínez.

Lino tenía un hermano llamado Antonio (Puppy), poseedor de mucho carisma. Puppy García era un peso pluma con mucho coraje, piel fina que se cortaba fácilmente y un ataque constante en el ring. Llegó a ser un ídolo nacional, el fajador que capturaba la imaginación del público. Verdadero gallo de pelea que no siempre ganaba, pero siempre daba espectáculo.

En sus primeros 25 encuentros, Puppy García se consagró en el boxeo caribeño, con 20 triunfos (15 por KO) 4 derrotas (2 por KO) y una tabla. En esos combates se impuso sobre un estelarista de categoría mundial al derrotar a Pappy Gault por la vía rápida en dos ocasiones. Gault tenía 28 triunfos en 31 combates profesionales y nunca había sido derrotado por knockout hasta que Puppy lo derribó en dos encuentros consecutivos.

García le ganó al venezolano Sonny León por puntos y le propinó knockout al mejicano Edel Ojeda. Ganó y perdió con Charlie Titone y lo mismo sucedió con Jimmy Cooper.

«Titone era alto,» declaro García sobre el norteamericano, « y me cortó en el primer combate y era mucha la sangre y se llevó el triunfo. En la revancha le di con un gancho al cuerpo que lo doblo a la lona dando un gemido de dolor.»

Inevitablemente Puppy se enfrentó a Ciro Morasén en tres combates espectaculares. En el primer choque, después de diez furiosos asaltos, Puppy se desmayó en el onceno, anotándose Ciro el triunfo

Ciro Morasen.

Julio Mederos.

por la vía del TKO. En la revancha Puppy se anotó la victoria por decisión y los fanáticos se amotinaron, produciéndose varias perforaciones de bala en el techo del Coliseo Deportivo de Paseo y Mar. La Comisión Nacional de Boxeo revisó la pelea en cinta y decidió cambiar el veredicto, adjudicándole la victoria a Morasén, sobre quien García nunca se impuso.

Cuco Conde, el gran promotor de boxeo cubano de la época llevó a Cuba a Lauro Salas, ex campeón mundial de los pesos ligeros. El mejicano era hueso duro de roer, veterano de tres peleas de campeonato mundial y más de un centenar de combates en arenas de boxeo desde Monterrey a Los Ángeles. Fuerte, con buena quijada, cejas cubiertas de cicatrices y ataque constante, Salas podía ser derrotado pero nunca era fácil la victoria.

El 29 de junio de 1955 Lauro Salas se enfrentó a Puppy García, en combate feroz entre dos fajadores. Gancho a gancho, golpe a golpe, el ex campeón mundial se batió con el ídolo de La Habana. Salas recibió y dio castigo, imponiéndose cuando la pelea fue detenida en el noveno round con el valiente cubano cortado y amoratado.

Puppy continuó peleando pero nunca logró coronarse campeón mundial. Fue uno de los boxeadores más populares de la historia del boxeo cubano, con expediente de 36-8-4, con 17 victorias por la vía del nocao. Sus grandes triunfos fueron sobre el mejicano Kid Anahuac, Luis Galvani, Pappy Gault, Pete Kawala y Sonny León.

Un par de meses después del combate entre Puppy y el ex campeón Lauro Salas, Ciro Morasén, con 29 años y más de 70 combates profesionales se anotó la victoria más significativa de su carrera, ganándole por puntos al ex campeón mundial.

Morasén era uno de los mejores pesos pluma en el mundo, pero su fama no llegó más allá del Caribe, ya que el santiaguero boxeó la mayor parte de su carrera en los cuadriláteros cubanos con algunos viajes a México, Panamá y Venezuela.

El expediente de Morasén (70-12-9) fue brillante, imponiéndose sobre el monarca mundial Lauro Salas, sobre Puppy García, Lorenzo Safora, Luis Galvani y Diego Sosa.

OTROS PLUMAS, GALLOS Y MOSCAS

Nacional Kid, de Sagua, fue monarca nacional peso pluma, siendo un púgil bastante popular en los años cuarenta. Su mejores triunfos entre las sogas incluyeron una victoria por puntos sobre el norteamericano Joey Archibald y tablas con Diego Sosa y Lorenzo Safora.

Humberto Sierra fue un astro, clasificado entre los primeros pesos plumas del mundo, escaño adquirido por su brillante triunfo por puntos a diez asaltos sobre el inmortal Sanddy Saddler. Sierra peleó gran parte de su carrera en Estados Unidos, derrotando a Jackie Callura y Lulu Constantino y perdiendo dos veces contra Willie Pep –a quien disputó el cetro mundial– dos contra Tony De Marco y una contra Tippy Larkin. Su expediente de 45-19-5 incluye 12 victorias por KO y 10 derrotas por la vía rápida.

Sierra era buen boxeador pero aún así, los golpes le afectaron y después de colgar los guantes fue recluido en el sanatorio de Mazorra, donde recibió tratamiento por demencia pugilística.

El peso pluma Diego Sosa fue una estrella del ring que desplegó habilidad, valor y buena pegada en mas de un centenar de peleas. El Tigre del Cerro tenía magia para captar la emoción de la audiencia, llegando a ser uno de los estelaristas más destacados de la época. Era muy activo: en 1951 peleó 15 veces, ganando 13. Sosa se retiró con un expediente de 72-33-6 que incluía 42 victorias por la vía rápida. Después de su retiro como boxeador, Diego Sosa llego a ser un entrenador y maestro de primera categoría, desarrollando joven talento por varias décadas.

Una de las victorias más impresionantes de Sosa ocurrió en 1949. Diego pulverizó a Wilfedo Mayet –quien fue considerado gran prospecto hasta que se le descubrió la quijada de vidrio– en el primer asalto. Sosa se anotó triunfos por decisión sobre Harold Dade, Baby

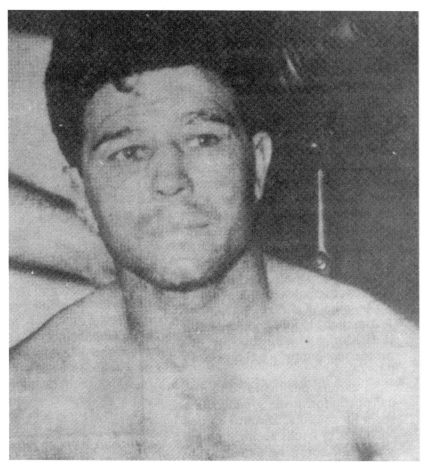

Puppy Garcia.

Gavilán y el Acorazado Martínez. Diego peleó tabla y fue derrotado por Orlando Zulueta y ganó y perdió con Ciro Morasén, Lino García y Humberto Sierra.

Luis Galvani era un genio en el ring pero le gustaba la «dolce vita.» En la década de 1943-1954, el gran peso gallo se anotó un expediente de 42-7-8 con 22 victorias por knockout y una sola derrota por la vía rápida. De sus siete derrotas, seis ocurrieron en el ocaso de su carrera.

Galvani fue invencible en la década de los cuarenta anotándose triunfos sobre Orlando Zulueta, Harold Dade, Cecil Schoonmaker y otras estrellas de la división, incluyendo a otro buen púgil criollo, Kid

Espinosa. La vida desorganizada, las fiestas, bebida y el mal dormir lo debilitaron y su carrera estaba en picada cuando el boxeador apenas tenía 24 años. Después vinieron las derrotas a manos del venezolano Sonny León, el maravilloso Ciro Morasén y el mejicano Edel Ojeda. Finalmente fue derrotado por el valiente Puppy García, concluyendo su carrera entre las sogas.

A Ramón González Rojas nadie le conocía por nombre y apellido aunque como Black Pico sí tenía fama nacional. Black Pico debutó en su querida Sagua en el 1943 anotándose una decisión en 4 asaltos sobre Luis Moret, manteniéndose invicto en sus primeras 14 peleas, ganando la mitad por la vía rápida.

En Cuba abundaban los peso pluma y ligero, pero no los peso mosca, por lo que Black Pico y otros de los mejores 112-libras de la época peleaban revanchas para mantenerse activos. De 1943 a 1951, Black Pico se anotó expediente de 46-17-8, intercambiando cuero con Armando Puentes Pi (6 peleas), Luis Fuentes (7), el fuerte pegador Tomás Vega, Kid Guarina, el valiente Amado Mir y Manuel Armenteros (3 con cada uno). Una de las victorias de Black Pico fue sobre Oswaldo (Chili) Cantero, un peso gallo que viajo varios paises intercambiando golpes con buenos pugiles, desarollandose como estelarista en Estados Unidos.

El mejor mosca de la época fue Oscar Suárez, quien logró la oportunidad de enfrentarse al campeón mundial Pascual Pérez en combate titular, siendo derrotado en once asaltos. Oscar era un buen pegador en su peso, anotándose 20 triunfos por la vía rápida en su expediente de 52 triunfos, 11 derrotas y 2 tablas. La victoria más importante de Suárez fue en 1954, imponiéndose sobre Fernando Gagnon, canadiense que había ganado más de cien combates como profesional.

Otros boxeadores de la época de 1940-1955 fueron el peso mosca de Manzanillo, Benjamín Rodríguez, Manuel, Pedro, Tony y Lino Armenteros, Lino Rendón, el muy talentoso Dámaso Collazo –quien ganó 40 de sus 54 combates– el villaclareño Pototo Ribalta, Martín «El Güije» Rodríguez, Sojitos González, Armando López, el aguerrido Santiago Martínez, la estrella amateur y buen profesional Enrique Lamela, Orlando Castillo –más conocido como Gallito del Ring– Rene Cantero y Oscar Campos. También fueron populares el peligroso

Rolando «La Plancha» Rodríguez, el temperamental Guillermo Díaz, Basilio García, Cirilo Gómez, Floro Hita, Baby Cochet, Tomas Vega, Kikaro García y Bombón Oriental.

Entre los entrenadores mas destacados de Cuba en esta época, se destacaron Luis Sarria, Carón González, Ángel Vega, Marzo y Manolo Fernández y Kid Rapidez.

Kid Gavilán

CAPÍTULO X

LA VIDA TURBULENTA DE
KID GAVILÁN

De niño era Gerardo González, nativo de Camagüey, la tierra de Agramonte, donde nació en 1926, pero de adulto se le conoció como Kid Gavilán, un campeón con mucho estilo entre las cuerdas y una personalidad conflictiva en la vida privada.

El nombre de guerra fue obtenido por su asociación con su apoderado –Fernando Balido– quien era propietario de un puesto de frutas llamado «El Gavilán.»

Su carrera comenzó como peso mosca en un tope amateur en Palo Seco. Desde sus comienzos Gavilán tenía un estilo rápido y agresivo y a los quince años era considerado uno de los mejores prospectos jóvenes de Cuba.

El Kid debutó al profesionalismo en 1943 –con diecisiete años– llegando a ser estelarista para su quinto combate. Desde el primer momento se destacó como un prodigio entre las sogas, un atleta con destino mundial. Kid Gavilán poseía mucha velocidad, habilidad natural para esquivar golpes y puntería al golpear, aunque carecía de poder en su pegada. Poseía esa cualidad que se describe en el pugilismo como «tener ángel.» Gavilán tenía carisma, sabía apasionar a la audiencia con sus combinaciones rápidas, su ataque en ráfagas y su aparatoso «golpe bolo» que impresionaba sin dañar.

Gavilán ganó 29 de 31 combates celebrados entre 1943 y 1946, anotándose triunfos sobre el aguerrido Miguel Acevedo, Santiago Sosa, Kid Bururú, Chico Varona, Hankin Barrow y José Pedroso, así como dos triunfos en New York sobre John Williams y un nocao sobre John Ryan. Su más aguerrido rival en esta etapa de su carrera fue el mejicano Carlos Malacara quien le arruinó el invicto. Gavilán perdió ese combate por puntos, pero se vengó en la revancha, al anotarse un triunfo sobre el mejicano.

En 1947 Kid Gavilán fue clasificado número siete mundialmente en la categoría welter, y para 1948 era el primer retador. En ese año Gavilán perdió por decisión con el inmortal Sugar Ray Robinson.

El segundo combate en 1949 –por el título welter– también lo ganó Robinson, pero en ambos encuentros el margen de triunfo del gran campeón fue estrecho y el súper astro después declaró que sus combates con el Kid fueron los triunfos más difíciles de su carrera.

«Gavilán fue el más difícil de mis contrincantes,» declaró Robinson, «ambos boxeábamos bien y teníamos velocidad y las pelea fueron muy parejas. Gavilán tenia la quijada de concreto y le di duro, pero asimilaba mucho; nadie pudo derrotar a Gavilán por nocao.»

«Gavilán no pegaba,» declaró el historiador Hank Kaplan, «pero tiraba muchos golpes y eso le encantaba a la audiencia. Siempre se vestía de blanco, trusas, medias, botas de boxear y tenía carisma en el ring.»

El boxeo en New York –en la década del fin de los cuarenta a principios de los cincuenta– era controlado por la Mafia y Gavilán fue pieza favorita en el negocio de los puños en la Gran Manzana. El Kid era fácil de dirigir ya que le sobraba el talento y era guapo entre las sogas. No había que llevarlo con precaución, ya que el muchacho del golpe de bolo le daba candela a cualquiera en un ring, incluyendo al prodigioso Ray Robinson.

Su estilo de vida era conflictivo; uno de sus combates con Beau Jack fue cancelado cuando Gavilán recibió una cortada de puñal en una reyerta callejera. A pesar de las fiestas y las mujeres, el cubano tenía gran talento y se entrenaba con esmero cuando el oponente era difícil. Cuando el oponente era fácil Gavilán se entrenaba mal, razón por la cual fue derrotado por púgiles de segunda linea como Danny Womber y Sugar Costner.

La noche en que Gavilán se coronó campeón fue el 18 de mayo de 1951, en New York, anotándose la victoria en quince asaltos sobre Johnny Bratton. Al subir al ring como retador –aunque solo tenía 25 años de edad– Gavilán era ya un veterano de 87 combates profesionales, con 72 victorias, 12 derrotas y 3 tablas. Su expediente de triunfos incluían los nombres prestigiosos de Ike Williams, Beau Jack, Billy Graham, Joe Miceli, Gene Hairston y Tony Janiro, todos conocidos por su calidad entre las sogas.

Gavilán fue un campeón muy activo. De mayo de 1951 –cuando ganó el campeonato– a finales de 1953, defendió su cetro en siete ocasiones y participó en 18 combates donde el título no era disputado. Sus siete defensas de campeonato fueron contra Johnny Bratton, Carmen Basilio, Chuck Davey, Gil Turner, Bobby Dykes, y dos contra Billy Graham.

Basilio derribó a Gavilán a la lona en el segundo asalto pero el Kid logró incorporarse, regresando a la refriega y anotándose una victoria sobre el valiente y agresivo boxeador de Canastota, New York.

Por lo menos una de las defensas de Gavilán contra Graham fue pelea arreglada por la Mafia –según admitió uno de los jueces años después– ya que Gavilán retuvo el cetro de manera bochornosa. Fue un momento triste en el deporte, donde a Graham, un buen boxeador con mucho valor, se le negó la corona que merecía por su esfuerzo.

Durante su época de campeón, Gavilán también se destacó por su habilidad en gastar dinero, andar de fiesta e ignorar sus responsabilidades familiares, dejando a su esposa y tres hijos en New York –donde para comer dependieron de la caridad pública– mientras él se iba en gira de centros nocturnos donde había bailarinas que seducir. En New York acumuló una deuda de 68 mil dólares con el servicio de rentas internas y se jactaba de tener decenas de trajes «a la medida.»

La popularidad internacional del Kid fue enorme, ya que dio lo mejor de sí en una época donde la televisión se desarrollaba y millones de televidentes lo vieron hacer de las suyas en el ring. Su mejor demostración en pelea de campeonato fue contra Chuck Davey, ex estrella amateur que había llegado a obtener la oportunidad de pelear por el cetro con una racha de triunfos, manteniéndose invicto en cuarenta combates profesionales. El zurdo Davey –graduado universitario– había peleado tabla y triunfado por puntos sobre Carmen Basilio en dos encuentros y la pelea Gavilán-Davey fue comentada por la prensa como un combate ansiado por los fanáticos.

Gavilán ametralló a Davey con combinaciones que culminaron en nocao técnico en el décimo asalto, impresionando por su dominio total sobre el zurdo de Michigan. Después de retirarse del ring, Davey fue comisionado de boxeo de Michigan y propietario de un prospero negocio de seguros.

El ocaso de Gavilán comenzó en 1954, año en que combatió en solo cuatro ocasiones. Después de anotarse dos triunfos en combates preparatorios, Gavilán intentó capturar el cetro de los medianos, aspirando al trono ocupado por Bobo Olson.

Olson, nativo de Honolulu, era un hombre duro que había comenzado en las filas profesionales a la temprana edad de quince años, tatuándose los brazos para aparentar más edad. Boxeaba bastante bien pero se fajaba mejor, habiendo ganado 62 combates –34 por nocao– y sólo perdido media docena, dos contra el gran Sugar Ray Robinson.

Bobo era demasiado fuerte para el cubano, quien ya comenzaba a perder los maravillosos reflejos que le llevaron a la fama en el ring, y retuvo el cetro, anotándose victoria por puntos sobre un Kid Gavilán que lucía lento en comparación a su rapidez usual.

Después de su derrota ante Olson, Gavilán regresó a los pesos welter y perdió su corona ante Johnny Saxton, huérfano que había encontrado fama en el ring. Con 44 victorias en 48 encuentros, Saxton era un retador con hambre de fama y Gavilán –con 28 años intensamente vividos y más de un centenar de peleas– era un campeón camino del ocaso.

Aún físicamente en descenso, Gavilán se lució en el combate con Saxton, ganándose a la audiencia pero no a los jueces. Después de Saxton, el Kid bajo a nivel de oponente, su nombre ilustre siendo utilizado para engrandecer expedientes de prospectos. De 1955 a 1958 celebró 26 combates resultando en diez victorias, quince derrotas y una tabla, anunciando su retiro después de perder por puntos contra el fornido Yama Bahama, un buen boxeador oriundo de Bimini.

El expediente final de Gavilán en el ring arroja un total de 107-30-6, con 28 triunfos por la vía rápida. Nunca fue derrotado por nocao y sólo fue derribado a la lona en tres ocasiones en su larga carrera.

El retiro del Kid no fue apacible; de la fortuna ganada en el ring sólo le quedaba una pequeña finca en Bejucal, Cuba, y un ajuar de ropa que pasaba de moda. Quiso ser bailarín, actor y bon vivant, pero su carrera en el cine y teatro fue corta y sus ingresos siempre fueron bajos en comparación con sus gastos.

Gavilán se convirtió en Testigo de Jehová –aunque su actuación diaria no fuera ejemplo de moralidad– y su nueva religión lo enfrentó al recién establecido régimen castrista, que perseguía a los religiosos con represivo esmero. Después de ser arrestado un par de veces y de despojarlo de su finca las autoridades castristas, el ex campeón se marchó al exilio.

Llegó a Miami en 1968, con cataratas en los ojos y sin un centavo en el bolsillo. La colonia de exiliados políticos cubanos recaudó cinco mil dólares para pagar los gastos de operar al ex campeón. Se le ofreció un trabajo de entrenador de boxeadores amateur pero el trabajo se acabó pronto y Gavilán fue a convertirse en parte del grupo de acólitos de Muhammad Alí, donde en breves semanas fue despedido.

Después de perder su «empleo» de «entrenador asistente» de Alí, Gavilán amenazó al ex campeón con una demanda legal. Alí –que había tratado de ayudar a Gavilán– pagó cuarenta mil dólares al ex-campeón en «salario»inmerecido. Como de costumbre, en vez de invertir el dinero, Gavilán se lo gastó en aventuras poco comunes para quien profesaba ser Testigo de Jehová.

Nuevamente insolvente, Gavilán continuó su vida de indisciplina, siendo arrestado en 1974 por posesión de arma de fuego ilícita y por causar un disturbio en un baile. Políticos y fanáticos intentaron ayudarle, ofreciéndole trabajos y oportunidades pero el Kid era su propio peor enemigo.

Julio Martínez, promotor de boxeo y ex alcalde de la ciudad de Hialeah, le ofreció trabajo de entrenador, pagándole un salario y habilitando un cuarto en el gimnasio para cobijar al ex campeón. A las pocas semanas, Martínez se vio forzado a expulsar a Gavilán del gimnasio, ya que él mismo no prestaba atención al trabajo de enseñar boxeo, prefiriendo charlar de sus momentos de gloria en el ring entre tragos de cerveza.

El Kid continuó siendo noticia, con escandalosos artículos publicados sobre su hija –adicta a la cocaína– o sobre la pobreza en que se veía sumido el gran campeón, quien falleció en Miami en un hogar de ancianos en el año 2003.

Lo cierto es que la culpa de su vida desastrosa no la tenía la suerte, la Mafia o la sociedad de la época. Gerardo González fue el gran culpable de su triste destino, malgastando el dinero, comportándose siempre como un malagradecido con quienes le ayudaban y negándose a ser responsable con su familia o empleo.

Kid Gavilán fue un gran campeón, pero Gerardo González fue un hombre problemático.

CAPÍTULO XI

GERARDO VALDÉS:
EL HOMBRE QUE LE GANÓ
A EZZARD CHARLES

A Gerardo Ramos Valdés, hombre de hablar lento y alma afable, el apodo le venía bien, ya que aún se habla del Niño Valdés.

El Niño medía seis pies tres pulgadas, boxeaba bien y pegaba duro con ambas manos. Su comienzo en el profesionalismo tuvo lugar en 1941, pero con pocos pesos completos en la Isla, el Niño sólo celebró 12 peleas en cuatro años, ganando 10, todas por la vía rápida, incluyendo un impresionante KO sobre «Malpica» Benito García.

En 1945 Valdés celebró sólo dos combates pero se consagró ante los fanáticos al enfrentarse a Federico Malibrán, veterano con experiencia internacional quien era considerado el mejor peso completo de Cuba. Malibrán y Valdéz se batieron al duro y Gerardo fue derrotado por la vía rápida en cuatro asaltos. El Niño pidió la revancha y tres meses después se anotó un knockout en ocho asaltos sobre Malibrán.

De 1948 a 1959 el Niño Valdés viajó el mundo, llegando a ser considerado el primer clasificado en la división de los pesos completos, pero nunca obtuvo la oportunidad de discutir el campeonato ante el gran Rocky Marciano.

Valdés tenía estilo, velocidad y pegada, pero carecía de instinto asesino. Aunque derribaba a rivales con fuerza demoledora, el Niño, con su alma noble, era lento para rematar a sus contrincantes.

«No era cobarde,» dijo el gran entrenador Carón González refiriéndose a Valdés, «No era nada cobarde pero le faltaba fuego asesino. El Niño se batía al duro frente a frente con tipos como Malibrán que sabían muchos trucos y eran asesinos en el ring, pero su problema era que no remataba con entusiasmo. Eso sí, cuando te encentraba una bien puesta, apaga la luz que la fiesta se acabó. Pegaba duro con las dos manos y la derecha era una mandarria.»

El manager del Niño en Estados Unidos era Bobby Gleason, propietario de un gimnasio en New York donde se entrenaban lo mejor y lo peor del boxeo.

Valdés perdió por puntos ante Archie Moore y Harold Johnson, ganó y perdió con el experimentado Archie McBride, se anotó knockouts sobre Heinz Neuhaus, Johnny Holman y el pintoresco Huracán Jackson, y le ganó dos veces a Mike De John, perdiendo decisiones con Bob Baker y Zora Folley.

En sus viajes a Londres el Niño sembró el pánico entre los pesos completos ingleses. Peleó con cuatro ingleses y todos fueron a parar a la lona. Sus dos víctimas más importantes fueron Don Cockell, sobre quien el Niño se impuso en tres asaltos, y Brian London, que fue derrotado en siete por la vía rápida.

Cockell había durado nueve asaltos a Marciano y tenía un expediente de 64-12-1 con 36 triunfos por la vía rápida. London le disputó el título a Floyd Patterson y su expediente de 22-5 incluía 19 victorias por knockout. Ambos besaron la lona.

Aunque Valdés llego a ser uno de los clasificados más importantes en la división de los pesos completos, nunca discutió el titulo. Rocky Marciano se retiró del ring invicto pero nunca le dio oportunidad al cubano.

Por algún tiempo la pelea que no tuvo lugar fue tema de discusión en la prensa deportiva. Los fanáticos de Marciano declaraban que el invicto campeón no tenía razón para temer a Valdés –quien tenía unas cuantas derrotas en su expediente– y la pelea no se dio por no llegar a un acuerdo los promotores y apoderados.

Niño Valdés

Los fanáticos de Valdés alegaban que los apoderados de Marciano temían al Niño quien poseía algunos atributos –estatura, pegada y juventud– que le podían complicar la noche a Marciano. Cierto es que Valdés era en aquel momento más joven que los contrincantes más difíciles de Marciano –los viejos veteranos Walcott, Charles, Louis y Moore– y a todos les aventajaba en estatura y peso. Marciano tendría que regalar cuatro pulgadas de estatura y más de veinte libras al enfrentarse a Valdés, quien pegaba con respetable potencia.

La popularidad de Valdés en Cuba era enorme, y el Niño ganó dinero sin tener que intercambiar golpes, anunciando refrescos en televisión.

Al enfrentarse a Sonny Liston en el ocaso de su carrera, Valdés intentó reconquistar el casillero entre los retadores. Liston había ganado 24 de 25 combates y sus golpes habían derribado a fieros contrincantes, incluyendo a Cleveland Williams.

La pelea entre Valdés y Liston fue pareja por dos asaltos, cada cual teniendo sus momentos, intentando imponerse. En el tercer round Liston alcanzó al Niño con un terrible gancho de izquierda que derribó al cubano, concluyendo el combate. Valdés combatió una sola vez más y se retiró del ring, regresando a La Habana.

Terminó con un record de 48-18-2 con 36 triunfos por la vía rápida y 5 derrotas por knockout. Se enfrentó a cuatro campeones mundiales –Archie Moore, Harold Johnson, Ezzard Charles y Sonny Liston– en peleas no titulares y participó en tres exhibiciones públicas con el inmortal Joe Louis.

En los años sesenta Valdés regresó a New York en calidad de refugiado político procedente de La Habana, escapando a la opresión castrista, pero con la buena disposición de siempre, el Niño se ganó el sustento diario en la babel de hierro trabajando de «bouncer» en el Club 500, un centro nocturno en Times Square. El salario le alcanzaba para vivir modestamente y el ex boxeador era un hombre feliz.

El autor de este libro conoció a Valdés en esa época, conversando con él varias veces sobre boxeo. Era la década de los setenta y el boxeador cubano de renombre era Teófilo Stevenson. En una de las conversaciones le pregunté al Niño como le hubiera ido en un encuentro con Stevenson y el Niño, usualmente modesto me sorprendió con la respuesta.

«Yo era profesional,» me dijo, «y él es amateur y es difícil comparar, pero yo sé que a ese yo le gano. Los dos siendo jóvenes, me lo almuerzo crudo. Y viejo como estoy ahora, si nos encierran juntos en una cabina de teléfono el que sale caminando soy yo.»

El Niño Valdés murió en New York en el verano del año 2001.

CAPÍTULO XII

LAS ESTRELLAS DEBUTAN Y EL BOXEO PROFESIONAL SE ASILA

El lustro de 1955 a 1960 fue el mejor momento en la historia del boxeo profesional cubano, la época de oro del pugilismo criollo, donde una generación de estrellas veteranas se acercaba al retiro y los jóvenes prospectos se encaminaban a la fama y gloria del ring.

Entre los veteranos o estelaristas establecidos aún activos durante mediados de los cincuenta, se deben mencionar Kid Gavilán, el Niño Valdés, Julio Mederos, Isaac Logart, Puppy García, Orlando Echevarría, Ciro Morasén, Rafael Lastre, Orlando Zulueta, Wilfredo Miró, Chico Varona, Miguel «La Diabla» Díaz, Kid Fichique, Chico Morales, Orlando Cepeda (Charolito Espirituano), Hipólito Linares, Rolando «La Plancha» Rodríguez, Reinaldo Caballero, Santiago Martínez, Baby Cochet, Oscar Suárez, Martín «Güije» Rodríguez, Baby Gavilán y Orlando Castillo (Gallito del Ring).

Los jóvenes prospectos que debutaron en este lustro componen la generación más brillante del pugilismo cubano, incluyendo a Luis Manuel Rodríguez, Benny Paret, José Legra, Mantequilla Nápoles, Douglas Valliant, Florentino Fernández, Ángel Robinson García,

Baby Luis.

Chico Veliz, Hiram Bacallao, Pedro Miranda, Sarvelio Fuentes, Armando Bragaño, Wilfredo Hurst, José Stable, Baby Colon, Paul Díaz, Johnny Sarduy, Marcelino González, Pastor Marrero, Baby Luis y el peso mosca Enrique «Kiki» Casanovas.

Las estrellas y los jóvenes prospectos estaban respaldados por un elenco de decenas de púgiles que daban lo mejor de sí en combates preliminares a lo ancho y largo de la nación.

El boxeo cubano era respetado a nivel mundial, tanto por el calibre de sus peleadores como por la honestidad de las promociones de varios promotores criollos, el principal de ellos Cuco Conde, figura legendaria del boxeo cubano.

«Cuco,» declaró el legendario entrenador Ángelo Dundee, «es uno de los hombres mas honestos y sinceros que he conocido en mi vida. Con Cuco nunca tuve que firmar un contrato para nada. El te daba la mano y siempre cumplía con su palabra.»

El primero de enero de 1959 trajo enormes cambios políticos y sociales a Cuba. La revolución cubana, inspirada en la democracia y el sufragio fue manipulada hacia el totalitarismo. La «dictadura del proletario» no permitía el deporte profesional, eliminando el boxeo para 1961.

Algunos boxeadores se retiraron del profesionalismo –como Hiram Bacallao y Sarvelio Fuentes– adaptándose o apoyando al nuevo sistema, dedicándose a entrenar amateurs bajo el nuevo régimen. Otros – incluyendo a Puppy García, el peso gallo William Roncourt y Marcelino González– se enfrentaron al sistema, peleando fuera del ring contra el comunismo –en el clandestinaje y las guerrillas– siendo encarcelados en el presidio político.

Puppy García y William Roncourt fueron encarcelados por conspirar clandestinamente contra el régimen castrista; el peso mediano

Kike Lamelas

Wilfredo Hurst.

Chico Veliz.

Marcelino González renunció a su carrera en el cuadrilátero –donde se había anotado buenas victorias sobre el tico Tuzo Portugués y Miguel Díaz– para convertirse en guerrillero. González fue capturado en los combates en la zona de Jaruco cuando la guerrilla de Daniel Cardo fue diezmada, y fue condenado a una larga sentencia en el gulag cubano; después de años de presidio, el boxeador de Artemisa fue a residir a Miami.

El peso pluma José Acosta murió fusilado, acusado de ser miembro de la resistencia contra el sistema comunista; Kike Lamelas, estrella amateur que obtuvo un expediente de 14-3-3 en las filas profesionales, fue muy activo en las conspiraciones clandestinas del Movimiento MRR, logrando salvarse del paredón (fusilamiento) al obtener asilo en una embajada.

Decenas de boxeadores marcharon hacia el exilio, sobresaliendo entre ellos Luis Manuel Rodríguez, Florentino Fernández, Sugar Ramos, Douglas Valliant, José Legra, Mantequilla Nápoles, Ángel Robinson García, José Stable y Benny Paret. Cinco de los nueve llegaron a campeones mundiales, tres pelearon por títulos sin triunfar y el restante fue clasificado en dos divisiones en los «rankings» mundiales.

Además de estos a los cuales se le dedican secciones individuales, los gimnasios internacionales se llenaron de talento exiliado: el veterano Isaac Logart, Pedro Miranda, Chico Veliz, Wilfredo Hurst, Baby Luis, Johnny Sarduy, Lino Armenteros y otros estelaristas.

Pedro Miranda era un buen peso mediano y se anotó un expediente de 41-12-1 con 30 victorias por KO. Su carrera comenzó en La Habana y concluyo en Puerto Rico, donde se retiró del ring en 1970, con victorias por knockout sobre José «Monón» González y Billy Douglas, y un triunfo por puntos sobre Gomeo Brennan, campeón del imperio británico. Miranda se retiró del ring en San Juan, donde obtuvo empleo en un departamento del gobierno de la Isla del Encanto.

Emir Duvergel –Baby Luis– tenía talento pero prefirió el dinero fácil y la vida criminal a la vida hogareña, muriendo en una trifulca. En su turbulenta vida, Duvergel se enfrentó –entre otros– al futuro monarca Vicente Saldívar, al campeón británico pluma Howard Winstone y al popular Frankie Duarte.

El Dr. Ferdie Pacheco, figura celebre y comentarista de boxeo narraba una anécdota muy simpática sobre Baby Luis.

«En 1964 había una oferta para pelear con Winstone,» declaró Pacheco, «Y Baby Luis no aparecía por ningún lugar. Yo fui a México a localizarlo y por fin, después de visitar todos los gimnasios de México lo encontré. Cuando le pregunté donde se había metido, me dijo –Un mejicano me dio un sobre con marihuana y me senté en una montaña a fumar y meditar sobre el significado de la vida.»

«Cuando me dijo eso,» Pacheco continuó su relato, «le pregunté que me explicara el significado de la vida y Baby Luis me respondió –Se me acabó la marihuana y tengo que conseguir más…»

Johnny Sarduy.

JOHNNY SARDUY: EL GUERRERO PATRIOTA

Johnny Sarduy –estelarista y buen prospecto de la era final del boxeo profesional en Cuba– era muy diferente a Baby Luis. El pequeño guerrero que comenzó su carrera en el peso mosca y concluyó en el peso pluma era un atleta dedicado al deporte.

Sarduy no pegaba duro pero tenía velocidad, sabía boxear y siempre estaba en buenas condiciones físicas. Fue el mejor prospecto de 1957 en la categoría gallo en el ámbito mundial, según la prestigiosa revista «The Ring.» Sarduy ganó 31 de 33 encuentros amateur y el expediente profesional del ídolo de Ranchuelo fue 33-7-4, siendo derrotado una sola vez por la vía rápida, por Joe Medel, clasificado mundialmente. Sarduy peleó tabla y derrotó por puntos a Orlando Castillo «Gallito del Ring,» se impuso en dos ocasiones sobre Eloy Sánchez y sobre el activo Huesito González.

La carrera de Sarduy concluyó temprana. El joven boxeador prefirió dedicarse a la causa de su patria, colgando los guantes para ingresar en la Brigada de Asalto 2506 en 1961. Después de la fallida invasión, el joven de Ranchuelo se dedicó al giro de la construcción, logrando llegar a ser propietario de una importante empresa multimillonaria en Miami, ciudad donde crió cuatro hijos.

«Mucho de lo que soy,» declaró Sarduy, «se lo debo a mi apoderado, Benito Fernández, un buen hombre que además de guiar mi carrera me trató como si yo fuera su hijo. De él aprendí mucho…el boxeo me abrió la puerta y la vida me ha tratado muy bien. De niño fui muy pobre y nunca soñé que tendría todo lo que he llegado a tener…propiedades, casas, un negocio prospero que da trabajo a muchos empleados y de comer a muchas personas... pero el éxito, en el ring o afuera del ring, hay que sudarlo, y lo que tengo me lo gané trabajando duro –en el ring y en los negocios– y soy de la opinión que quien está dispuesto a buscar el triunfo, termina triunfando…».

CAPÍTULO XIII

BENNY PARET:
EL VALIENTE DE SANTA CLARA

Bernardo Paret era nativo de Santa Clara, de familia humilde, donde comenzó su aprendizaje en el ring cuando era un adolescente, estableciendo un expediente de 28-1 como amateur.

Paret era fuerte, asimilaba mucho, le sobraba valor y aunque no pegaba duro, tiraba mucho cuero, con un estilo agresivo de combate. Debutó en el profesionalismo a la edad de 18 años y no fue mimado entre las cuerdas; en su noveno combate profesional se enfrentó a Reinaldo Caballero, un veterano con buen expediente, casi una década de experiencia y decenas de combates profesionales. Caballero fue derribado en tres asaltos y la prensa villareña proclamó a Paret una nueva estrella del deporte nacional.

Su primera derrota vino por manos de Rolando «La Plancha» Rodríguez, rival que poseía buena pegada. Paret fue derrotado en dos asaltos, pero se vengó en tres ocasiones sobre «La Plancha,» quien también cruzó golpes con Luis Manuel Rodríguez.

En 1958 Benny Paret se enfrentó a Luis Manuel Rodríguez en dos combates históricos, marcando la primera –y también la segunda–

Benny Paret.

*Paret y Griffith
intercambian cuero.*

vez en la historia del deporte cubano que dos futuros campeones mundiales criollos se enfrentaron en un ring.

«Paret era guapo,» declaró Luis Manuel en una entrevista años después, «tenía velocidad y coraje, pero no tenía buena defensa y era fácil boxearle. El atacaba y yo me movía, metiéndole el jab en la cara. Le gané las dos peleas en La Habana por decisión unánime, con mucho boxeo y mucho movimiento.»

Para 1959 Benny Paret estaba clasificado entre los diez mejores pesos welter del mundo. En ese año se anotó una victoria sobre Charley Scott y tabla con el invicto Cheguí Torres, futuro campeón mundial.

Carón González, quien fue entrenador de Paret, comentó sobre el villaclareño: «Era fajador pero no pegaba duro, aunque tiraba muchos golpes y le formaba un lío a cualquiera.... Cuando peleó tabla con Federico Thompson en New York eso fue una guerra, se pegaron con todo lo que tenían y Benny salió mal golpeado. En esa pelea me empecé a preocupar por su salud...Benny lo que quería era fajarse y se estaba estropeando rápido.»

Paret ganó el campeonato por decisión en quince asaltos sobre Don Jordan en Las Vegas, el 27 de mayo de 1960, en pelea que el ex campeón alega fue arreglada. Jordan ha declarado que su derrota fue inspirada por arreglo de la Mafia. «Paret estaba vinculado a la familia Carbo,» declaró Jordan al periodista Peter Heller, «a Frank y Nick Carbo de Miami.»

Lo más probable es que ambos –Paret y Jordan– tenían vínculos criminales, ya que posteriormente Jordan fue suspendido de por vida del boxeo por su asociación con el bajo mundo. La pelea de campeonato probablemente fue honesta, ya que Paret tenía la juventud y la energía para vencer al desgastado Jordan, quien seguidamente concluyó su carrera perdiendo nueve de sus últimos trece combates.

«Aún cuando ganaba le pegaban mucho,» declaró el entrenador Carón González sobre Paret, «y llegó un momento en que me dijo que se le nublaba la vista y le daban dolores de cabeza, por lo cual decidí decírselo a Manuel Alfaro, su manager. Alfaro me contestó que a todos los boxeadores le daban dolores de cabeza y decidí hablar con el boxeador, lo cual era bobería...¿Que boxeador se quiere retirar cuando es campeón del mundo y está ganando billetes? Entonces, decidí retirarme de su equipo de trabajo ya que yo no quería en mi conciencia lo que veía venir…»

Paret defendió su corona dos veces, imponiéndose por puntos sobre Federico Thompson y siendo derrotado en trece asaltos por la vía rápida por Emite Griffith, joven destinado a ser un astro en la historia de la división welter.

Más tarde, Griffith dijo en una entrevista que: «En los primeros doce rounds del combate los jueces tenían a Paret en la delantera por un solo punto. Mi entrenador, Gil Clancy, me insistió que fuera al ataque y así fue…le conecté un gancho de izquierda y una derecha y lo derribé para el conteo.»

«Cinco meses después peleamos de nuevo,» continuó diciendo Griffith, «y yo pensé que había ganado por puntos, pero Paret se llevó la decisión y recuperó el titulo.»

La segunda pelea con Griffith fue un combate desgastador, pero el apoderado de Paret decidió enfrentarlo a Gene Fullmer apenas dos meses después del agotador triunfo titular.

«Eso fue un gran error,» declaró Carón González años después, «Alfaro aceptó la pelea con Fullmer que era campeón de peso mediano, sin tener en cuenta que Paret estaba lastimado después de las dos peleas muy duras que había tenido con Griffith. Pero Benny, que era un macho, se metió en el ring con Fullmer y le dieron una paliza brutal.»

Fullmer derrotó a Paret por nocao técnico en diez asaltos, golpeándolo con fuerza. Tres meses después de la brutal golpiza, Paret se enfrentó a Emile Griffith por tercera vez.

«Paret fue uno de los hombres mas duros con quien yo me enfrenté,» declaro el campeón Gene Fullmer en una entrevista, «Nunca le pegué a nadie con la fuerza que le di a Paret, pero se mantuvo en pie hasta que la pelea terminó por nocao técnico a mi favor.»

Había mala sangre entre Griffith y Paret; Griffith, nativo de las Islas Vírgenes, pensaba que le habían robado la victoria en el segundo encuentro y su deseo de recuperar el campeonato se alimentó de rabia cuando Paret le insultó públicamente, haciendo referencia a la homosexualidad del retador.

«Me tumbó a la lona en esa pelea,» relató Griffith, «y se puso la mano en la cadera, burlándose de mí desde la esquina. Entre asaltos, mi entrenador Gil Clancy me dio instrucciones que atacara sin descansar ya que Paret no era bueno peleando en retroceso y sólo era efectivo cuando uno lo dejaba atacar…y así fue. Le tiré muchos golpes y al caer se enredó en las sogas, lo que impidió que cayera a la lona y yo seguí tirando golpes…aun después de tantos años es difícil hablar de la muerte de Benny Paret. Fue un accidente, de esos que ocurren en el boxeo.»

Benny Paret, dos veces campeón mundial en la categoría welter, tuvo un expediente de 36-12-3 con 11 triunfos por la vía rápida y 4 derrotas por nocao.

Sugar Ramos.

CAPÍTULO XIV

EL GRAN ULTIMINIO «SUGAR» RAMOS

Ultiminio Ramos, uno de los campeones más brillantes que dio Cuba, nació el 2 de diciembre de 1941 en Matanzas. El nombre de Ultiminio fue creación de su padre –un policía que ya había tenido doce hijos– con la esperanza de que este fuera el último.

«Mi padre se equivocó por uno,» declaró Ultiminio, «llegamos a catorce.»

Aunque el padre de la familia era hombre honesto y trabajaba fuertemente, tantas bocas que alimentar requerían demasiado, y la niñez de Ultiminio se destacó por la pobreza y la necesidad. Sólo llegó a alcanzar un nivel de escuela de cuarto grado, ganándose unos centavos desde muy joven como limpiabotas callejero.

A pesar de la adversidad, el muchacho creció con una actitud afable. A los diez años ya estaba en un gimnasio de boxeo, aprendiendo a tirar sus primeras combinaciones y moverse dentro del cuadrilátero.

El apodo de «Sugar» vino en honor a Ray Robinson –el ídolo de la época– aunque Ramos tenía un estilo algo diferente al del ídolo de Harlem. Desde el comienzo de su carrera, aún en los años como amateurs, «Azúcar» Ramos desplegaba buen boxeo y velocidad, pero su sello era la dura pegada que poseía en ambas manos.

Según sus propias declaraciones, Ultiminio se anotó setenta y cuatro victorias en los combates aficionados, dejando una estela de ojos amoratados y narices fracturadas a su paso, entrando en las filas profesionales a los quince años de edad, apuntándose un nocao en dos asaltos sobre Rene Arce.

A los dieciséis años era reconocido como el mejor prospecto en la división peso pluma. Invicto en once combates –con nueve triunfos por la vía rápida– Sugar Ramos se enfrentó a José «Tigre» Blanco, un preliminarista con cinco victorias, siete derrotas y tres empates.

Tigre Blanco era un preliminarista honesto, de los que no buscan salida fácil tirandose la lona y se enfrentó a Ramos con valor, recibiendo una golpiza brutal de la que no se recuperó. Sometido a una operación de emergencia en el Hospital Mercedes, el Tigre falleció sin haber recuperado el conocimiento.

A los dieciséis años de edad, antes de ser legalmente considerado un adulto, Ultiminio Ramos había matado a un contrincante en el ring. El joven matancero consideró colgar los guantes y despedirse del boxeo, pero decidió continuar cuando la madre de Tigre Blanco le dijo que la muerte de su hijo había sido un accidente del destino.

Sugar Ramos regresó al ring menos de un mes después, anotándose un nocao en cuatro asaltos sobre su contrincante. En 1959 y 1960 el matancero se mantuvo invicto, con doce triunfos y una sola tabla, contra el bien conocido púgil norteamericano Ike Chestnut.

Entre los triunfos más importantes de Ramos en el período de 1957 a 1960, se encuentran victorias sobre el venezolano Sonny León y dos triunfos sobre Orlando Castillo, conocido por el apodo de «Gallito del Ring.»

«El Gallito era buen amigo mío,» declaró Ramos en entrevista años después, «pero amistad aparte, dimos buenas peleas. Gané las dos y me coroné campeón nacional de Cuba en el peso pluma; esas peleas me consagraron en Cuba….mucho de mi éxito fue gracias a Cuco Conde, mi promotor que era un hombre que conocía mucho de boxeo…»

En la primera semana de 1961, consciente de que el boxeo profesional sería abolido en Cuba, Ultiminio Ramos abandonó su terruño camino del exilio. Se radicó en México, donde abundaban los pesos pluma, convirtiéndose en ídolo de los fanáticos aztecas, derrotando a Alfredo Urbina y Kid Anahuac.

El 21 de marzo de 1963 en Los Ángeles, dos cubanos –Sugar Ramos y Luis Manuel Rodríguez – se corononaron campeones mundiales, pero la tragedia nuevamente opacó el momento glorioso.

El campeón Davey Moore, con sólo seis derrotas en sesenta y seis peleas rehusó –al igual que Tigre Blanco– desplomarse a la lona. En el décimo asalto el ataque brutal de Ramos se impuso sobre el campeón y el cetro mundial pasó a manos de Sugar Ramos, El ex campeón Davey Moore falleció en un hospital de Los Ángeles dos días después.

A los veintiún años de edad, Ultiminio Ramos había matado a un segundo contrincante entre las sogas del ring.

«Fue una pelea muy dura,» declaró el cronista Jim Murray, «como un juego de ruleta rusa con guantes de seis onzas.»

«Son cosas del destino,» declaro Ramos, «Moore era un gran campeón y un hombre decente…se comportó como un profesional en el pesaje. Éramos dos hombres, profesionales con la intención de ganar, pero camaradas en el ring…yo no quise matarlo. Son cosas del destino.»

Ramos llegó al campeonato en un momento en su vida que le era difícil hacer el peso para defender el cetro pluma. En por lo menos dos de sus defensas –contra Rafiu King y Mitsunori Seki– el cubano se tuvo que pesar en dos ocasiones, ejercitando y sudando más de una hora en cada pesaje para hacer el peso requerido.

Tener que hacer el peso lo debilitaba y el trauma de haber matado a dos hombres en el ring pesaba sobre sus hombros, pero el matancero continuó su carrera entre las sogas.

Se dañó ambas manos en su defensa del título contra Rafiu King, pero logró ganar el combate por puntos. En la segunda defensa del título se anotó nocao técnico en seis asaltos sobre el japonés Mitsunori Seki.

«Seki era fuerte pero su estilo se acomodaba al mío,» declaró Ramos sobre el combate, «lo corté en el segundo, lo derribé en el quinto y la pelea se acabó en el sexto.»

Cuco Conde era el apoderado de Ramos y Angelo Dundee era el hombre en la esquina del matancero.

Gavilán y Ramos en el hall de la fama.

«Cuando llegamos al lugar donde se celebraría la pelea con Seki,» dijo Angelo Dundee, «tenían montando el ring, pero no había asientos. Le pregunte a alguien que cuando iban a colocar las sillas y el hombre me respondió que en Japón los fanáticos preferían sentarse en el piso. Cuando Ramos derribó a Seki, me viré hacia Cuco y le dije: los japoneses prefieren el piso.»

La tercera defensa de Ramos fue controversial. Floyd Robertson de Ghana era un buen boxeador con valor, pegada y resistencia física. La pelea –ante cuarenta mil fanáticos de África– fue una guerra en la cual ambos púgiles sangraron, se hirieron y se amorataron. La decisión a favor del cubano no fue popular en el patio de Robertson y la comisión de boxeo del país africano intentó cambiar el resultado del combate, pero no recibió el apoyo mundial necesario.

Sugar Ramos estaba viviendo la dulce vida. Una revista de la época dijo que el campeón tenía cincuenta trajes de vestir, docenas de pantalones y quince pares de zapatos.

«Hay veces,» declaró el gran promotor Cuco Conde, «en la vida de un boxeador en que una mujer es un problema. Hay boxeadores que conocen a muchas mujeres y tienen muchos problemas. Ultiminio es buen muchacho, se entrena bien y es muy profesional pero no deja de ser un muchacho joven, fuerte, buen tipo, un campeón famoso y para esos siempre hay mujeres.»

El reinado se acabó en la defensa contra Vicente Saldívar un azteca zurdo con estilo agresivo. Debilitado por hacer el peso, Ramos no tenía la resistencia física de Saldívar, quien se impuso por la vía rápida en doce asaltos.

La hora había llegado de abandonar la división pluma y Ramos se dirigió en busca del cetro ligero, ganando cuatro combates en México antes de enfrentarse a Carlos Ortiz en dos ocasiones por el campeonato mundial. El boricua fue vencedor en ambas ocasiones, pero con controversia.

En uno de los encuentros Ramos derribó a Ortiz de un derechazo pero Ortiz se levantó y repostó con un ataque que abrió profundas cortadas en el rostro de Ramos. Cuando el árbitro Billy Conn –ex campeón mundial semi pesado– detuvo el combate a favor de Ortiz, Ramón Velásquez –del Consejo Mundial de Boxeo– intentó cambiar el resultado adjudicando el combate a Ramos, pero la decisión original se mantuvo con Ortiz de triunfador.

Ramos se mantuvo activo pero no llegó a conquistar otro cetro mundial. Derrotó a Lyle Randolph, Raúl Rojas y Chango Carmona y perdió con Mando Ramos, Antonio Amaya y César Sinda.

Su expediente al retirarse –en 1972– consistía en 54 victorias (39 por nocao) 7 derrotas (4 por la vía rápida) y 4 tablas.

Ultiminio se retiró del ring en México, país que considera su segunda patria. A pesar de la tragedia de haber matado a dos hombres en el ring, al ex campeón la vida lo trató bastante bien en sus años de retiro. Ramos se ha ganado el sustento dirigiendo su propio conjunto musical, haciendo modestas inversiones y manteniéndose activo en el deporte entrenando boxeadores.

En el año 2001, Ultiminio Ramos fue seleccionado miembro del Hall de la Fama Internacional del Boxeo, cuando el mundo del pugilismo le rindió merecido homenaje.

CAPITULO XV

EL INCOMPARABLE LUIS MANUEL

El famoso entrenador Angelo Dundee –el que dirigió a Ali y Ray Leonard– declaro en una entrevista que su mejor boxeador fue Luis Manuel Rodríguez.

«Alí era un personaje histórico y Leonard y el tenían mucho carisma,» declaró Dundee, «pero Alí era tan rápido que se podía dar el lujo de cometer errores. Muhammad no sabía pelear bien adentro y por eso Frazier le dio problemas. Luis lo hacía todo. Peleaba a cualquiera de las tres distancias bien, pensaba estrategia y se adaptaba. Era maravilloso.»

Lo era. Luis Manuel no tenía gran musculatura y sus piernas eran delgadas. No impresionaba parado en la esquina, pero era un mago cuando sonaba la campana.

Le decían «El Feo,» por su ancho narizón, y desde su adolescencia desplegó el talento de un prodigio en el ring, estableciendo un record de cinco nocaos consecutivos en las competencias de los Guantes de Oro nacionales, donde se coronó campeón.

Luis Manuel –nacido en Camagüey en 1937– era simpático, siempre sonriendo, bailaba bien y cantaba con voz profesional. En su adolescencia ganó primer lugar en un concurso de baile y cantó en la televisión nacional, pero la fama le esperaba en el ring, debutando como profesional a los 18 años, anotándose triunfo por la vía rápida en el tercer asalto.

De 1956 a 1958, Luis Manuel subió al ring en veinte ocasiones. Diecinueve combates fueron victorias y una pelea fue declarada nula en el segundo asalto cuando una fuerte lluvia canceló la cartelera. Entre las victorias de esta primera etapa en el ring, Rodríguez se anotó dos victorias sobre el futuro campeón mundial Benny Paret, un triunfo sobre Gomeo Brennan –quien llegó a Campeón del Imperio Británico– y una impresionante victoria sobre el valiente fajador Kid Fichique, a quien Luis le arrebató el campeonato nacional peso welter.

Luis Manuel era entrenado por Luis Sarría, eminencia de los entrenadores cubanos. El negro villaclareño había sido un preliminarista mediocre, pero como entrenador y masajista era estrella en la isla. Sarría había trabajado como entrenador de Kid Tunero y Julio Mederos y sabía mucha técnica entre las sogas.

Para 1959, Luis Manuel celebró su cumpleaños número veinte anotándose una victoria sobre el ex campeón welter Virgil Akins, quien acababa de perder su corona ante Don Jordan. La victoria sobre Akins colocó al cubano en los primeros casilleros de los clasificados en la división. Las siete peleas que celebró en 1959 incluyen a Akins, al excelente boxeador cubano Isaac Logart, y victorias por nocao sobre dos púgiles de nombre: Joe Miceli y Cecil Shorts.

Tres de las peleas tuvieron lugar en Miami Beach, donde el historiador de boxeo Hank Kaplan le vio debutar en Estados Unidos.

«En cualquier época seria grande,» declaró Kaplan, «era un gran boxeador. Gavilán tenía un estilo más sensacional pero Luis Manuel sabía dominar a un contrincante y aunque se decía que no pegaba, sí tenía poder. Se anotó victorias por KO sobre contrincantes que nadie había noqueado.»

Uno de los miembros de la prensa televisiva que criticaban la falta de pegada de Luis Manuel era Clure Mosher quien declaró que el combate que se avecinaba con Carl Hubbard iría la distancia debido a la buena quijada de uno y la poca pegada del cubano.

Hubbard estaba invicto en 19 combates y tenia 10 victorias por la vía rápida. El invicto se le acabó en el cuarto asalto bajo una ráfaga de ganchos del cubano. Mientras a Hubbard le contaban diez, Luis Manuel, recostado en la esquina neutral, miró hacia Clure Mosher sentado en primera fila, y le dijo –en maltrecho inglés– al periodista: «Oye, Mister Mosher, ¿Quién noqueó a ese? ¿El referee?»

Los boxeadores de su peso le evitaban y para 1960, Luis Manuel se mantenía clasificado en el ranking welter, pero se enfrentaba a algunos pesos medianos de los más peligrosos, como Yama Bahama, musculoso púgil que había merodeado los casilleros mundiales de su división. El cubano se anotó un triunfo por decisión sobre el hombre de Bimini.

En 1960 decidió quedarse en el exilio y no regresar a la patria bajo el comunismo.

«El gobierno le daba permiso a los boxeadores a pelear afuera del país,» dijo Luis Sarría, «y después de una pelea en Estados Unidos estábamos solos en el camerino y le dije –Te vas a ir solo. Yo me quedo.....Luis Manuel me miró y me dijo –A mí tampoco me gusta lo que está pasando en Cuba, Yo me quedo también...»

«Luis Manuel,» declaró el ex boxeador Johnny Sarduy, «Fue de los primeros boxeadores en asilarse y el primero en comprar casa. Era tremendo ser humano y nos dio albuerge a muchos de nosotros cuando mucha ayuda necesitábamos.»

Luis Manuel perdió su invicto en su quinto año en el ring, después de 36 combates profesionales. Su derrota fue en el primer encuentro con su Némesis, Emile Griffith. Todas las peleas en la serie fueron muy parejas, el estilo de cada cual ajustándose al del contrincante en peleas estratégicas y cargadas de emoción.

Dirigido por Ernesto Corrales y Ángelo Dundee, Luis Manuel entrenaba en el famoso gimnasio de los hermanos Dundee en Miami Beach. Uno de los jóvenes prospectos en el gimnasio era un medallista olímpico llamado Cassius Clay, a quien el mundo llegó a conocer como Muhammad Alí.

«Alí estudiaba a Luis,» declaro Hank Kaplan, historiador del boxeo que era el publicista de los hermanos Dundee, «ya que en aquel momento la estrella de ese gimnasio era Luis Manuel. Cuando Luis guanteaba, Alí lo observaba, estudiando los movimientos. Yo creo que Alí aprendió algunas cosas de Luis, quien era muy amigo de Muhammad...»

Luis Sarría

En 1961-1962, Rodríguez fue estelarista en catorce presentaciones. Perdió y ganó con el futuro campeón Curtis Cokes y derrotó al muy respetado Federico Thompson. Luis Manuel se anotó nocao sobre Ricardo Falech –un argentino que no había sido derribado en 32 peleas– y otros triunfos por la vía rápida sobre los pesos medianos Yama Bahama y Ace Armstrong, ambos púgiles de primer calibre.

«La derrota con Cokes vino porque se llevaron el avión a Cuba en camino a Dallas,» declaró Luis Manuel en entrevista, «y yo me acababa de asilar. Estuvimos varias horas en el aeropuerto de La Habana y pasé un susto grande. Un miliciano con una metralleta se puso pesado...yo no tenía concentración mental para Cokes al regresar a Dallas.»

Luis Manuel comenzó el 1963 ganándole a Joey Giambra –quien tenía sólo ocho derrotas en setenta y cinco combates– y en marzo se enfrentó a Emile Griffith por segunda vez, en pelea titular.

El combate Rodríguez-Griffith se celebró en Los Ángeles, en la misma cartelera en la cual Sugar Ramos conquistó el titulo pluma sobre Davey Moore. Lejos de New York, donde los jueces siempre favorecían a Griffith, Luis Manuel se anotó decisión unánime sobre el campeón, conquistando el cetro mundial con elegante boxeo.

Luis Manuel sólo fue campeón desde el 21 de marzo al 8 de junio, cuando Griffith ganó el campeonato nuevamente, en revancha en su patio. El resultado del combate fue muy criticado en la prensa deportiva, donde algunos reporteros alegaban que el cubano había tenido ventaja en diez de los quince asaltos.

«A Griffith no hay quien le gane en New York,» declaró Rodríguez en una entrevista después del combate, «los jueces están ciegos.»

Dos meses después de ser derrotado por Griffith, Rodríguez se enfrentó a Denny Moyer –ex campeón mundial super welter– quien a los 24 años era veterano de 46 peleas profesionales. Moyer tenía triunfos sobre los ex campeones Johnny Saxton, Virgil Akins, Benny Paret, Paddy De Marco y había ganado y perdido con Griffith.

En pelea televisada nacionalmente, Luis Manuel se anotó un nocao técnico en el noveno asalto sobre Moyer, quien cayó a la lona por primera vez en su carrera.

Después de Moyer, Luis Manuel se enfrentó dos veces a Wilbert McClure, quien había ganado oro olímpico en 1960 y se encontraba invicto en 14 peleas profesionales. Luis Manuel ganó ambos encuentros, derribando al peso mediano a la lona en dos ocasiones.

«Era muy veloz,» declaró McClure, quien después de su carrera en el ring fue maestro y administrador de sistemas escolares en escuelas públicas, «Luis Manuel era un gato veloz, el boxeador más rápido a quien me he enfrentado. Después de esas dos peleas yo no quería una tercera.»

Mientras Luis esperaba revancha con Griffith se dedicó a vencer pesos medianos. Después de sus triunfos sobre McClure, venció a Holly Mims –un excelente boxeador de Baltimore– y a Jesse Smith, un temido púgil de Philadelphia.

«Smith tenia un gancho de izquierda asesino,» declaró el historiador Hank Kaplan, «y los pesos medianos le huían. Luis le regaló ocho libras en el pesaje y le dio una lección de boxeo...Luis era una maravilla.»

La cuarta pelea con Griffith fue otra derrota discutida y comentada por la prensa deportiva.

Molesto por no poder ganarle a Griffith –el siempre favorecido por los jueces– Luis Manuel regresó al ring dispuesto a enfrentarse a cualquier peso welter o mediano en el mundo.

L.C. Morgan, veterano de un centenar de combates con una victoria por nocao técnico sobre Mantequilla Nápoles fue derrotado por nocao en dos asaltos. John Henry Smith, campeón mediano de California fue derrotado por la vía rápida en diez rounds.

El hombre más temido en la división de los medianos era Rubin «Huracán» Carter, un fuerte pegador con triunfos por nocao en el primer asalto sobre Griffith y Florentino Fernández. En 1965, Luis Manuel se anotó dos victorias por puntos sobre el temido Huracán.

«Carter le dio a Luis Manuel con un tremendo gancho y lo sentó de nalgas en la lona,» declaro Luis Sarría sobre los combates, «y cuando Luis Manuel llegó a la esquina al final del asalto, se sentó y me dijo –Ese negro pega duro pero no me va a volver a pegar...Y así fue. Le dio una lección de guantes al Huracán...»

Rodríguez se anotó triunfos sobre Rip Randall, Charlie Austin, Eddie Pace y Johnny Morris, todos ellos buenos estelaristas con prestigio entre las sogas.

«Yo estaba dispuesto a pelear en cualquier lugar,» declaró Luis Manuel en entrevista al autor, «y en Arizona cuando estaba en el pesaje para pelear con el peso mediano Fred McWilliams, entra un hombre al salón de pesaje con las manos esposadas y escoltado por dos policías uniformados. Era mi contrincante, que lo sacaban de la cárcel para boxear. Y me dio buena pelea. Era fuerte y no tenía miedo. Le di nocao en el noveno round, pero me obligó a trabajar. No fue fácil...»

En 1966, el cubano se anotó otra importante victoria en los pesos medianos, al derrotar por nocao técnico al formidable George Benton.

A Benton le proclamaban campeón sin corona, ya que con 53 victorias en 63 combates, el peso mediano le había propinado zurras a los mejores púgiles de la división. Benton nunca había sido derrotado por la vía rápida hasta que se enfrentó a Rodríguez. Después de retirarse del ring, Benton llegó a ser un gran entrenador de boxeo, trabajando con Leon Spinks, Pernell Whittaker y otros campeones.

En 1966 Luis Manuel peleó contra Curtis Cokes en combate eliminatorio por el cetro welter. Cokes se anotó triunfo por KO técnico en quince asaltos, la primera vez que Luis perdía por la vía rápida.

Rodríguez se concentró en los pesos medianos. Viajó a Philadelphia y derrotó a Benny Briscoe, el mejor prospecto de la división, en diez asaltos. Briscoe pidió revancha y Luis Manuel le ganó la segunda vuelta.

Rocky Rivero era un fajador de primera que cruzó guantes con Floro Fernández y Joey Giardello. Luis le ganó por puntos en San Juan. Dos semanas después, Luis viajó a California y se anotó una victoria por decisión sobre Jimmy Lester, un joven prospecto en la división de los pesos medianos.

En 1968, el cubano perdió y ganó con Vicente Rondon, el púgil venezolano que llegó a ser campeón mundial semi-completo. Después de ser derrotado por Rondon, Luis Manuel ganó nueve consecutivas, incluyendo la revancha con Rondon, y triunfos sobre Joe Shaw –quien habia ganado 30 de 37– y sobre varios pesos medianos de buena reputación, como Tom «La Bomba» Bethea, Eddie Owens y el mejicano Rafael Gutiérrez.

En 1969 llegó la última oportunidad del cubano de obtener un campeonato mundial al enfrentarse a Nino Benvenuti en Roma.

Benvenuti era formidable. Como amateur, el italiano se había mantenido invicto en 120 combates, obteniendo cetros mundiales y medalla de oro en las olimpiadas de 1960. Como profesional Nino tenía un expediente de 79-3-1 y la reputación de ser un buen boxeador con fulminante pegada.

El almanaque comenzaba a acosar a Luis Manuel. A los 32 años su asombrosa velocidad había disminuido gradualmente. Aun así, el cubano sorprendió al darle una lección de boxeo al magistral Benvenuti por los primeros diez asaltos de la pelea pactada a quince.

«Tres años antes» dijo Luis Sarría sobre la pelea, «Luis se corona campeón, pero esa noche en Roma las piernas se le estaban cansando en el noveno round. Aun así, le estaba ganando a Benvenuti «de calle.» En el onceno asalto Luis se descuidó un segundo y Benvenuti metió un gancho que fue el mejor golpe que ese hombre tiró en su vida. Cuando aquel golpe dio con la quijada de Luis yo sabía que la pelea se había acabado...Luis cayó a la lona como si le hubieran dado un tiro...»

El período de 1970-1972 fue el ocaso de la carrera de Luis Manuel. Aún le quedaba algo y tenía mucha experiencia, pero la velocidad se desvanecía por día.

Porter Rolle con 16 victorias en 18 combates, fue noqueado en cuatro. Luis perdió y ganó –ambas por puntos– sobre Monón González, un boricua de calibre mundial en los pesos medianos.

Sus mejores triunfos en esta época fueron sobre Bobby Cassidy, Dave Hilton y Tony Mundine. Cassidy era un buen peso mediano a quien Luis derrotó por puntos. Hilton, ex campeón de Canadá con 60 triunfos en 71 encuentros, también fue derrotado por decisión.

Mundine, de Australia, era un semicompleto con una sola derrota en 24 combates. Mundine tenía fama de pegador, pero Luis Manuel se impuso por la vía rápida en el primer asalto.

A pesar de que aun podía batirse con los clasificados, ya no les vencía siempre. El campeón británico Bunny Sterling le ganó por puntos y en su último combate, contra el canadiense Donato Paduano –victorioso en 28 de 32 encuentros– Luis Manuel perdió por puntos.

Había llegado la hora de colgar los guantes. El expediente de Luis Manuel Rodríguez es de 121 combates, con 107 victorias –49 por la vía rápida– siete derrotas y un combate nulo cancelado por la lluvia.

El retiro fue triste. Tenía una buena esposa, casa propia y era propietario de un bar, pero el negocio se fue a pique cuando Luis, aburrido en su retiro, se convirtió en cliente. Luis Manuel, gloria de Cuba, obtuvo un trabajo en un almacén, cargando cajas. Por un tiempo entrenó algunos boxeadores amateur y continuó bebiendo. Aun así, retuvo siempre su buen humor, espíritu afable y profundo amor por Cuba.

Murió en Miami, a la edad de 59 años el 7 de julio de 1996. En 1997 fue electo como miembro del Hall de la Fama del Boxeo en Canastota, New York.

CAPITULO XVI

VIDA Y TRAGEDIA DE DOUGLAS VAILLANT

Douglas Valliant nació en Santiago pero se mudó a La Habana de niño, donde merodeaba los gimnasios soñando con ser estelarista.

Desde el primer momento parecía un predestinado a la fama y la gloria. En ochenta combates amateur, Valliant se coronó campeón Guantes de Oro de Cuba y ganó el Cinturón de Diamante en la competencia internacional de Seattle.

El joven prospecto debutó en 1957, bajo la tutela de Bernard «Macho» Barker, héroe de la guerra mundial, agente de la CIA y futura figura clave en el histórico caso Watergate. Barker, amante del boxeo, fue figura paternal y buen manager para Valliant, quien se anotó 16 triunfos en sus primeros 17 combates, coronándose campeón nacional peso ligero al derrotar a Chico Morales en 1960.

«Era una maravilla,» declaró Ángelo Dundee sobre Vaillant, «Tenía talento para ser un gran campeón. Era alto, rápido, boxeaba con un estilo muy bonito y pegaba duro. Douglas tenía todo lo que hacía falta, menos disciplina y sentido común.»

«Cuando estábamos en Cuba,» declaró Barker en una entrevista, «yo lo controlaba, pero cuando llegamos a Estados Unidos y el vivía por su cuenta entonces era imposible controlarlo....Douglas estaba casado con una mujer muy buena, Dulce María Rojo, pero llegó el momento en que ella se cansó de aguantarle sus fiestas...»

A pesar de su espíritu bohemio, Valliant continuó ganando peleas, derrotando al mundialmente clasificado Len Matthews, y dándole una lección de boxeo en Londres al campeón británico Dave Charnley.

«Era simpático pero muy irresponsable,» declaró Barker en una entrevista, «en una ocasión le di $2,500 y le dije que los depositara en una cuenta de ahorros, pero se fue con Sugar Ramos para México de fiesta. A los quince días regresó y me pidió 10 dólares prestados. Eso me enfureció...»

«Cuando se le presentó la oportunidad con Ortiz,» declaró el entrenador Ángelo Dundee, «aún tenía talento y era joven pero había dejado algo en las fiestas.»

Ortiz derribó a Valliant dos veces a la lona, imponiéndose al fin por nocao técnico. El cubano lucía cansado desde el primer asalto. Valliant se retiró del ring después de apuntarse triunfo por nocao sobre el jornalero Joe Murchison. Su expediente final tiene 32 victorias, 8 derrotas y 4 empates.

Sin dinero y sin responsabilidad, Valliant se involucró en el mundo de las drogas, donde ganó dinero y malgastó una fortuna. Tenía buen corazón y los remordimientos de conciencia y orgullo propio lo llevaron a rectificar su mala manera de vivir. Adoptó la santería como religión, dedicándose a trabajar como entrenador de boxeadores en un parque municipal de Miami.

Algunos boxeadores cubanos –Albear, Pizarro, Lezcano, Tunero, Sarduy, Nápoles, Otero– han dejado el ring y se han establecido exitosamente en la vida. Otros, los fiesteros irresponsables –Black Bill, Ángel Robinson y Valliant– han pagado el precio de sus derroches.

Aunque llegó a alcanzar algún éxito como entrenador, trabajando con el boricua Sugar De León, Valliant era un hombre emocionalmente frágil.

«Un día cuando estábamos juntos,» declaró el ex boxeador Frankie Otero en una entrevista, «yo le comenté que a uno le asustan las responsabilidades de tener familia– yo tenía mujer y un hijo... y Douglas me miró y me dijo – Frankie, tu no sabes lo difícil que es despertarse solo..»

Douglas Valliant.

«Quería ser querido,» dijo Bernard Barker, «y al final no pudo resistir estar solo.»

Divorciado, su hijo en Chicago, sin familia ni dinero, se cansó de vivir. Douglas Valliant se suicidó, ahorcándose en Sewell Park en Miami, donde tres estudiantes de una escuela religiosa lo encontraron al amanecer. El ex campeón nacional peso ligero de Cuba tenía 47 años de edad.

CAPITULO XVII

FLORENTINO FERNÁNDEZ: EL REY DEL NOCAO

«Cuando Florentino Fernández te pega con el gancho de izquierda,» declaró en una entrevista el ex campeón Gene Fullmer, «sientes la columna vertebral vibrar...pega con potencia y aún cuando pierde hiere al contrincante.»

Florentino Fernández –hombre simpático y sonriente– era un cañón de artillería pesada entre las sogas del ring. Otros boxeadores se apuntaban nocaos con ataque sistemático pero Floro podía terminar el combate con un solo golpe, anestesia instantánea que fulminaba a hombres fuertes por el conteo de diez.

Le apodaban «El Buey» o «Tres Toneles,» por el emblema de fábrica de licor bordado en su atuendo de combate y desde los amateurs inspiraba nerviosismo en sus contrincantes.

Florentino debutó en el profesionalismo en 1956, anotándose triunfo por nocao en tres asaltos sobre Pastor Burke, el primero de muchos contrincantes que serían fulminados por el gancho de izquierda de Fernández.

La oposición de Florentino fue de primera calidad, aún desde el principio de su carrera. El fuerte pegador se enfrentó en su época inicial a otros prospectos del ring o a veteranos con buenos expedientes.

Ray Estepa era un boxeador con buena reputación en los cuadriláteros de la Florida pero su juventud y valor no lo llevaron más allá del conteo de diez en el segundo asalto. Rocky Randell era veterano con casi un centenar de peleas y su experiencia lo llevó hasta el quinto asalto antes de ser derribado por Fernández. Baby Cochet era estelarista con más de 30 combates en su expediente, pero fue pulverizado en el primer asalto por un golpe sólido. Wilfredo Hurst sólo había perdido 2 de 16 combates profesionales cuando se enfrentó a Fernández, pero el gancho de izquierda de Floro se impuso en tres asaltos. Alberto Bisbé solo había perdido cuatro de veinticuatro hasta que Fernández le propinó su quinta derrota.

La entrada de Florentino en las filas de retadores y púgiles de calibre mundial se presentó en 1959, cuando Floro se enfrentó a Paddy De Marco en un ring habanero. Fernández estaba invicto en 20 combates con 17 triunfos por la vía rápida; De Marco, ex campeón mundial peso ligero, tenía 72 triunfos en 97 peleas. La pelea fue pactada a diez pero De Marco sólo llegó al quinto asalto, maltrecho por los golpes del cubano.

Dos victorias por puntos sobre el bien conocido campeón mejicano Gaspar Ortega, consagraron a Fernández entre los diez mejores de la división welter. El cubano cerró el año 1959 con dos peleas espectaculares con Rocky Kalingo. En el primer encuentro Kalingo le quitó el invicto a Floro con un fulminante nocao en el primer asalto; en la revancha, al mes siguiente, Fernández se impuso sobre Kalingo en dos asaltos.

En 1960 Fernández dio el salto a los pesos medianos, ganándole por puntos al futuro campeón mundial de las 154 libras Ralph Dupas, en Miami Beach antes de regresar a La Habana, donde celebró su última pelea en Cuba, derrotando a Clyde Gray por KO en cuatro asaltos. De regreso –ya definitivo– al exilio en Estados Unidos, Floro perdió por puntos con el maravilloso campeón Emile Griffith y cerró el 1960 con un triunfo por la vía rápida sobre Phil Moyer, considerado estelarista de calidad.

Florentino Fernández

La única oportunidad de Fernández de obtener un campeonato mundial ocurrió en 1961, cuando se enfrentó a Gene Fullmer en Utah, terruño del campeón, perdiendo por decisión en quince asaltos.

«Yo no soy de los que se están quejando,» declaró Florentino en una entrevista tiempo después, «pero estoy convencido de que le gané la pelea a Fullmer. Le fracturé un codo y le di golpes durísimos y al final de la pelea estaba todo amoratado.»

Aunque sus críticos solo le atribuyan el poder de pegada, Fernández llegó a ser un buen boxeador, como se puede apreciar en algunos de sus combates filmados, particularmente en el encuentro con Fullmer, donde parece haber suficiente prueba que la victoria de la dura pelea pertenecía al cubano.

Fue un combate duro entre dos hombres que hicieron una pelea pareja en el patio del campeón.

Florentino continuó su carrera con derrotas por la vía de las cortadas con el legendario campeón mundial Dick Tiger, y con Joey Giam-

Florentino derriba a Ralph Dupas.

bra. Floro repitió victoria sobre Phil Moyer pero sufrió su peor derrota ante Rubin «Huracán» Carter.

Carter, criminal sobre el cual se filmó una película en Hollywood muy lejana a la realidad, era un peso mediano mediocre con muy buena pegada. El Huracán tuvo una corta racha de meteóricas victorias sobre Fernández, Emile Griffith y George Benton, pero su fama se desvaneció ante boxeadores con estilo, como Luis Manuel Rodríguez, quien le venció en dos ocasiones.

La pelea entre Carter y Fernández fue un choque entre dos toros. Carter golpeó primero y Floro salió por entre las sogas, cayendo sobre la mesa de prensa y rodando hasta el piso de concreto, terminando así la pelea. Las últimas derrotas –cuatro en cinco combates– indicaban que Fernández se encontraba en el ocaso de su carrera, pero el pugilista sorprendió a los expertos.

Fernández se asoció al joven promotor cubano Tuto Zabala, quien revitalizó su carrera; Floro se anotó cinco victorias por la vía rápida, una de ellas sobre el futuro campeón mundial de los pesos semi-completos, José «Cheguí» Torres.

Torres, medallista plata en las olimpiadas de 1956, estaba invicto en las filas profesionales con 26 triunfos –21 por la vía rápida– y una tabla con Benny Paret. Cheguí era el ídolo nacional peleando en su patio, pero Floro Fernández se impuso con fiero ataque al cuerpo y rostro que dio al cubano el triunfo por KO en el quinto asalto.

Aunque su victoria sobre Torres fue su mejor triunfo, los fanáticos del boxeo al hablar de Floro siempre invocan sus cuatros peleas contra el peso mediano argentino Rocky Rivero.

Al enfrentarse a Fernández, Rivero era un peleador de primera línea con más de cuarenta combates en su expediente –de los cuales había ganado sus primeros 19 por KO– y su arma favorita era un demoledor gancho de izquierda. En su carrera, el argentino combatió con los mejores boxeadores de su época, ganándole a Rubin «Huracán» Carter y perdiendo con Luis Manuel Rodríguez, Dick Tiger y Joey Giardello.

Rivero y Florentino pelearon cuatro veces, cada uno anotándose dos victorias. Los primeros dos combates se celebraron en New York, Rivero ganando por puntos en diez y Floro por nocao en siete asaltos. Los dos encuentros finales fueron en San Juan, Fernández ganando por decisión en diez y Rivero anotándose nocao en cinco.

Tuto Zabala, promotor de los dos combates de Puerto Rico, declaró al autor: «Fueron peleas increíbles, ya que ninguno de los dos retrocedía. Eran dos tanques de guerra y a los fanáticos les encantaba verlos frente a frente.»

Las cuatro peleas, según las narrativas de la época, fueron guerras de gancho a gancho, cuerpo a cuerpo y al duro de campana a campana. Rivero no fue el único «hueso duro» a quien Fernández se enfrentó en aquella época; ya que perdió dos encuentros con José «Monón» González, uno de ellos por profundas cortadas.

Ya entraba en el ocaso de su carrera, y al perder cinco de siete peleas se retiro del ring; pero regresó un par de años después, anotándose seis nocaos y un empate antes de su último combate, contra el peso semi-completo Vern McIntosh, un jornalero del ring que ganaba algunas y perdía otras, enfrentándose a buenos prospectos y futuros campeones como Bob Foster. En 1972, en un ring en Key Biscayne,

McIntosh se anotó una victoria por TKO en diez asaltos sobre Florentino en un combate espectacular.

«Me fracturé una mano en esa pelea,» declaró Floro, «y casi le gano con un solo brazo.»

Frankie Otero, boxeador mundialmente clasificado, estaba en la audiencia y recuerda que esa pelea fue «una verdadera guerra…se dieron golpes sin descanso. El castigo que ambos se dieron fue brutal.»

Esa fue la última pelea de Floro Fernández quien se retiró del ring con expediente de 50-16-1 con 43 victorias por KO y 10 derrotas por la misma vía. Pese a los centenares de golpes recibidos en su vida en el ring, Florentino se retiró con todas sus facultades, manteniéndose empleado, felizmente casado y con una buena salud que atribuía a su fe en la Santería.

CAPITULO XVIII

JOSE STABLE:
LA PANTERA DE LA MAYA

José Stable nació en La Maya, Oriente, donde boxeaba desde la edad de seis años en patios de casas, vallas de gallo o al aire libre a la sombra de las ceibas. Los guantes eran tiras de trapos amarrados en las diminutas manos. Al ganador los fanáticos le daban un real o una peseta, fortuna para alguien tan tierno de edad.

Su madre murió cuando José tenia diez años y el niño se fue convirtiendo en hombre. Su fama en el ring, aun de adolescente le llevó a los topes amateurs de los Guantes de Oro. A los quince años –en 1956– se coronó campeón peso mosca. En 1957 ganó el cetro nacional peso gallo y en 1958 el campeonato nacional en las 130 libras. A los 18 años, el joven de La Maya representó a Cuba en los Juegos Panamericanos de 1958, donde perdió un discutido encuentro con el campeón azteca José Luis Cruz.

En 1959 ingresó a las filas profesionales bajo la tutela empresarial de Manuel Alfaro, quien dirigió la carrera de Kid Paret. Después de marchar al exilio en 1960, Stable fue dirigido por Manny González, cubano radicado en New York quien fue uno de los apoderados de Kid Gavilán.

El entrenador de Stable fue Carón González, ex boxeador peso welter que trabajó con numerosos púgiles de calidad.

«Stable era lo mejor de lo mejor,» declaró el entrenador en una entrevista, «era veneno entre las sogas. Cuando se metía adentro metía las manos que era algo maravilloso... tenía una puntería para colocar el golpe que daba gusto verlo pelear...y esquivaba bien. Se entrenaba duro, pero siempre tenía un tormento en su vida. Cuando no era una mujer era una deuda, un tormento por algo que alguien dijo...era buena persona pero tenía sus problemas...»

En el período de 1959-1964, José Stable celebró 28 encuentros con expediente de 25-2-1.

La tabla, en su cuarto combate, fue con Israel Nápoles, hermano de Mantequilla. Sus dos derrotas fueron decisiones en su contra con Ángel Robinson García y Dave Charnley.

Con el maravilloso Ángel Robinson, el púgil de La Maya perdió la primera y ganó la segunda, ambas en 1960. Su derrota con Charnley –el campeón británico– en Liverpool, fue declarada un robo por los cronistas deportivos ingleses.

Las 25 victorias colocaron a Stable como primer retador welter en las clasificaciones. Se anotó triunfos sobre Curtis Cokes –futuro campeón welter– sobre el clasificado Kenny Lane, los prospectos Stan Hayward y Vince Shomo, el peligroso veterano Charley Scott y sobre otro joven retador llamado Gabe Terronez.

«Terronez tenia habilidad,» declaró Stable en una entrevista en 1965, «y tenía puntería. Después de un par de asaltos cambié de estrategia y le pegué al contragolpe...yo estaba colocando bien los golpes...en el octavo, se movió hacia atrás y le metí la derecha al cuerpo y un gancho a la quijada. Se fue contra las sogas y el referee paró la pelea.»

El 30 de marzo de 1965, José Stable se enfrentó a Emile Griffith en el famoso Madison Square Garden en New York. El cubano dio lo mejor de sí, pero Griffith era uno de los dioses inmortales de la división welter. Stable era rápido pero Emile le aventajaba en velocidad. Stable peleaba bien adentro pero Griffith también, y con mucha maña. Griffith retuvo el cetro, imponiéndose por puntos en quince asaltos.

La derrota por el campeonato afectó a Stable. En los once combates siguientes se anotó un triunfo, perdió nueve y combatió una tabla.

La llama que ardía dentro de José Stable se apagó en el combate con Griffith. Su carrera concluyó con un expediente de 26-12-2 con diez de los triunfos por nocao.

Después, José Stable desapareció del ojo público, reapareciendo en un incidente donde fue arrestado por doble intento de asesinato que incluyó herir a un policía de un balazo en un altercado. En 1981, el ex retador al cetro mundial welter fue condenado a cadena perpetua en una cárcel de la Florida.

CAPÍTULO XIX

MANTEQUILLA NÁPOLES

José Ángel Nápoles nació en Santiago de Cuba, el cuarto de cinco hermanos de una humilde familia. Su padre –maestro de escuela– falleció cuando José tenía sólo seis años de edad y su madre –viuda con cinco hijos– se ganaba la vida como criada doméstica.

José Nápoles creció en la pobreza. Trabajó empujando un carretón de frutas por las calles de Santiago cuando era aún un niño; limpió zapatos, vendió periódicos y trabajó de mensajero.

En Santiago, Nápoles conoció a Juan Sierra, más conocido por el nombre de guerra de Kid Bururú, un negro alto y de caminar elegante, recto y conocedor del boxeo.

Bururú –Juan Sierra– estaba en el ocaso de su carrera, en la transición entre ser boxeador o ser entrenador. En su carrera como profesional –durante toda la década de los cuarenta y principio de los cincuenta– Bururú se habia enfrentado a la «crema y nata» de los pesos pluma, ligero y welter en Cuba y el Caribe.

Bururú podía jactarse de una victoria sobre Santiago Sosa, tabla con el astro Humberto Sierra, dos victorias y un empate con Baby Coullimber, una derrota por puntos contra Orlando Zulueta, empate con el peligroso mejicano Carlos Malacara y dos derrotas por decisión –ambas a diez asaltos– con Kid Gavilán.

«Bururú era muy buen boxeador,» dijo Nápoles en una entrevista, «era bueno en la riposta, sabía pelear en retroceso y era difícil pegarle. Estuve tres años con Bururú y después me mudé a La Habana y Bururú me presentó a Kid Rapidez, mi entrenador en las filas profesionales...»

Con más de 90 peleas amateur, Nápoles –a quien ya apodaban Mantequilla por su estilo de boxeo– debutó como profesional a los 18 años, derrotando a Julio Rojas por nocao en el primer asalto.

Dos de los hermanos y varios primos de Mantequilla boxearon profesional. Israel y Pedro Nápoles no pasaron de los planos preliminaristas. Pedro perdió por puntos –pero le aguantó la pegada– a Florentino Fernández e Israel perdió y peleó un empate con José Stable.

Entre peleas, Mantequilla Nápoles trabajó de chofer de autobús en La Habana, esperando ascender a la fama y el dinero. El peso ligero de Santiago se consagró ante el público capitalino al derrotar a Ángel Robinson García, Bunny Grant y Chico Morales.

Cuando el boxeo fue suspendido en Cuba, Nápoles era un estelarista establecido. El cubano fue a residir a México, país del cual se enamoró, adoptando eventualmente la ciudadanía azteca, casándose y formando una familia.

En México, Nápoles se convirtió en ídolo nacional. Derrotó a Kid Anahuac y a Baby Vázquez –ambos púgiles conocidos– y se enfrentó en tres ocasiones a Alfredo Urbina –el campeón nacional– perdiendo una por puntos y ganando dos revanchas por la vía rápida.

El combate que consagró a Nápoles como estrella internacional ocurrió en Caracas, cuando el muchacho de Santiago cruzó guantes con Carlos «Morocho» Hernández.

El venezolano tenía 34 victorias en 40 peleas, incluyendo victorias por nocao sobre el legendario Joe Brown, Carlos Teo Cruz, Bunny Grant y Tito Marshall. Hernández estaba en camino de coronarse campeón mundial de las 140 libras, pero antes de llegar a ser campeón tuvo un percance con Nápoles.

Doce mil venezolanos presenciaron la batalla en Caracas. Los tres primeros asaltos establecieron la calidad de boxeo de Mantequilla

Nápoles. En el cuarto round, un contundente golpe derribó a Nápoles, pero el cubano-mejicano logró incorporarse al conteo de «ocho,» salvándose de perder por nocao por el toque de la campana.

Con asombroso poder de recuperación, Nápoles ganó el quinto y sexto por amplio margen, golpeando a Hernández con duras y certeras combinaciones. En el séptimo asalto Nápoles se impuso por nocao técnico.

«El hombre más peligroso a quien me enfrenté fue Morocho Hernández,» declaró Nápoles en una entrevista, «Me tumbó a la lona y lo único que yo veía eran luces...pero al final de la pelea, fue Morocho quien tuvo que ir al hospital...»

En 1969, Nápoles subió al ring como retador del cetro welter –versiones AMB y CMB– enfrentándose a Curtis Cokes. El tejano de ébano era buen boxeador y tenía una derecha demoledora, y la experiencia de dos victorias y una derrota contra Luis Manuel Rodríguez, así como cinco defensas de un título que había retenido por tres años. Se auguraba que Cokes no sería presa fácil para Nápoles.

Nápoles derrotó a Cokes dos veces consecutivas, ambas por la vía del nocao técnico. Cuatro meses después de su segundo encuentro con Cokes, Mantequilla se impuso por puntos sobre el legendario Emile Griffith, hombre que había dominado la división en el primer lustro de los años sesenta.

En 1970 Mantequilla defendió el cetro contra Ernie «Red» López –un buen boxeador que fue vencido por nocao técnico en el último asalto– y contra Billy Backus, quien le arrebató la corona a Nápoles.

Backus, de Canastota, New York, era sobrino del legendario Carmen Basilio, uno de los hombres más valientes que han subido a un cuadrilátero. Billy había heredado el valor del tío pero no era considerado gran oposición para Nápoles. Backus tenía un expediente de 28-10-4 con 14 de las victorias por la vía rápida; su victoria más importante era una decisión sobre Manuel González, quien había retado por el campeonato mundial.

Mantequilla era veterano de 65 combates profesionales y las cejas del cubano-mejicano ya tenían cicatrices que se abrían con frecuencia. Con valor y hambre, Backus abrió una herida que le otorgó la victoria y el título de campeón que habia pertenecido a su tío.

Seis meses después de ser derrotado por Backus, Nápoles y el nuevo campeón se enfrentaron en revancha titular. Boxeando con elegancia y velocidad, Nápoles picoteó a Backus, anotándose nocao técnico en ocho asaltos, recuperando el campeonato mundial.

En los últimos seis meses de 1971, Mantequilla Nápoles peleó cuatro veces, en tres combates no-titulares y una defensa del cetro en la cual se anotó decisión unánime sobre Hedgemon Lewis, un boxeador de California con 40 victorias en 44 combates.

En 1972, Nápoles defendió su corona dos veces derrotando por nocao al británico Ralph Charles –quien tenía 39 victorias y 3 derrotas– y pulverizando a Adolph Pruitt en Monterrey.

Pruitt era buen boxeador y tenía un expediente de 43-10-2 contra buen talento en las 140 y 147 libras. Se estimaba que la pelea fuera interesante, aunque Nápoles era el favorito en el encuentro, recibiendo 85 mil dólares por la defensa del campeonato.

Esa noche Nápoles estaba en su cúspide como atleta, en el máximo de sus facultades, ansioso de complacer a los cuates de la tierra adoptiva. El campeón salio de su esquina moviéndose rápido, forzando el combate, marcando el ritmo con certeras combinaciones. Antes de concluir el primer asalto un contundente golpe al rostro de Pruitt le produjo una profunda herida en la boca al contendiente, que el escritor de boxeo Don Majeski describió «como un abridor de latas abriendo un contenedor de sopa.»

Pruitt intentó contestar en el segundo asalto pero Nápoles atacó con ráfagas de jabs, ganchos y derechas rectas. En menos de un minuto una cortada apareció sobre una ceja de Pruitt y un ojo empezó a inflamarse, amoratado. Antes de concluir el segundo asalto concluyó el combate, Nápoles el ganador por nocao técnico.

Tres veces defendió Nápoles el campeonato mundial en 1973, anotándose un nocao en siete sobre Ernie «Red» López, en el segundo encuentro entre ambos. Mantequilla se anoto dos triunfos por puntos sobre el campeón europeo Roger Menetrey y el campeón canadiense Clyde Gray.

En 1974 las dos estrellas más brillantes del boxeo mundial –en los welter y medianos– eran José Nápoles y Carlos Monzón. Las ofertas de una defensa del cetro mediano contra Nápoles se consumaron en un ring de Paris.

El Argentino tenía un expediente de 81-3-9, que incluía ocho defensas exitosas del campeonato peso mediano. Monzón boxeaba bien, tenia los brazos largos, pegada demoledora, quijada de concreto y la capacidad de rematar sin pausa.

Fue una pelea entre dos hombres con plena confianza en si mismos, en sus habilidades y condiciones físicas. Monzón tenía a su favor, marcada ventaja en fuerza bruta y la capacidad de usar sus brazos largos para machacar el rostro de Nápoles a distancia. Nápoles trató y dio lo mejor de sí, pero el combate concluyó en nocao técnico en el séptimo asalto a favor de Monzón.

Mantequilla regresó a la división welter, donde ofreció revancha a Hedgemon Lewis, ganándole por nocao en nueve asaltos y concluyó el año anotándose un triunfo por la vía rápida sobre Horacio Saldaño.

Ya Mantequilla comenzaba a sentir sus reflejos disminuir. Celebró dos combates apretados con Armando Muñiz y perdió el campeonato por nocao técnico contra el británico John Stracey en 1975.

Stracey, con expediente de 42-3-1 era el campeón europeo welter –y ex campeón británico– cuando se enfrentó a Nápoles. Stracey tenía un nocao sobre Roger Menetrey, quien le había durado los quince asaltos a Nápoles. Valiente, agresivo y buen pegador, el inglés se enfrentó a un campeón legendario que ya contaba con 36 años, reflejos disminuidos, abundantes cicatrices y el desgaje de más de un centenar de combates amateur y 83 peleas profesionales contra los mejores del mundo.

Stracey cortó a Mantequilla y en el sexto asalto el británico se coronó campeón. El expediente final de mantequilla fue 77-7 con 54 triunfos por nocao y 4 derrotas por la vía rápida. Nápoles ganó una fortuna en el ring, e invirtió en propiedades, restaurantes y bares, incluyendo uno –que le da ganancia– llamado «El Negro Santos.» Fue también promotor de espectáculos de entretenimiento nocturno, donde cantaba y entretenía a la audiencia con su propio conjunto musical; como actor, Mantequilla debutó en la película mexicana «La Venganza de la Llorona,» y en anuncios televisivos endorsando diversos productos.

Mantequilla Nápoles, miembro del Hall de la Fama del boxeo, se retiró bien retirado, con su futuro asegurado.

Legra.

CAPITULO XX

EL PUMA DE BARACOA

José Legra Utria –El Puma de Baracoa– nació el 19 de marzo de 1943 en una familia de siete hermanos y una hermana.

«Éramos pobres,» declaró Legra en una entrevista años después, «tan pobres que ni zapatos tuve hasta que cumplí quince años y fueron botas de boxeo...yo trabajé repartiendo leche, limpiando zapatos, vendiendo periódicos en la calle Máximo Gómez.»

A los quince años, el adolescente comenzó a pelear en carteleras amateur en La Playita –donde a los vencedores se les pagaba un peso y un pastelito– y en La Punta donde se pagaba seis pesos. Legra ganó 22 de 23 encuentros.

Su debut profesional fue en la Ciudad Deportiva –en 1960– derrotando a Pedro Pinera en combate preliminar. El joven de 17 años era un boxeador que prometía mucho, pero en Cuba ya el boxeo profesional estaba camino de la extinción y para el 1961 Legra marchó hacia México.

En la ciudad Azteca y en Miami –donde luego residió– el joven boxeador fue entrenado por Luis Sarría, legendario maestro del pugilismo que trabajó las esquinas de Muhammad Ali, Kid Tunero, Frankie Otero, Luis Manuel Rodríguez y Julio Mederos.

En 1963, el peso pluma de Baracoa se mudó a Barcelona, para combatir en Europa guiado por Kid Tunero, ex boxeador de buen calibre que se había establecido en la península Ibérica como entrenador y manager de varios campeones nacionales de España y púgiles europeos de primera línea en el continente.

Legra era un boxeador de mucha velocidad, buena técnica y pegada adecuada a los peso pluma. Además de su talento natural, tuvo la suerte de tener a dos de los mejores entrenadores del mundo en Sarria y Tunero.

En su primer combate en Europa, el cubano cobró ocho mil pesetas por enfrentarse en Madrid al boxeador marroquí Lázaro Ben Layachi, a quien Legra pulverizó con combinaciones, anotándose una victoria por nocao en seis asaltos.

En España, el cubano se convirtió en un ídolo nacional, llenando plazas de toros y teatros, imponiéndose sobre los ídolos locales con maestría en el ring. Era la época de Muhammad Alí y Legra se parecía físicamente al gigante de Louisville, aunque el púgil de Baracoa pesaba un centenar de libras menos que el campeón y en estatura la diferencia era de seis o siete pulgadas.

El «Alí de Bolsillo,» como también llamaban a Legra, era un boxeador muy activo. En 1964 combatió 19 veces –con 18 triunfos y un empate– presentándose en rings de Barcelona, Madrid, Santa Cruz, Las Palmas, Valencia y La Coruña. En 1965 ganó 15 y perdió una con Howard Winstone, campeón británico. En 1966, Legra subió a los cuadriláteros de España en 23 ocasiones, ganándolas todas, incluyendo una victoria sobre Love Allotey, púgil africano de buen calibre.

Legra era un hombre inteligente y tenía ambición en la vida. Desde su comienzo en el pugilismo europeo fue un boxeador disciplinado, que supo invertir su dinero en propiedades y negocios, garantizándose un futuro sin hambre ni penurias. Hombre de inteligencia natural pero carente de estudios académicos, el joven boxeador invirtió sus horas de ocio estudiando, asistiendo a la escuela, mejorando su cultura.

En 1967, el cubano radicado en España se coronó campeón peso pluma de Europa, al derrotar por KO técnico a Yves Desmarets, de Francia. El cetro del continente carecía de valor ante la oportunidad de una corona mundial, la cual conquistó el 24 de julio de 1968, anotándose un KO técnico en cinco asaltos sobre Howard Winstone.

Legra y Tunero.

El reinado duró poco. Seis meses después de coronarse campeón, José Legra perdió la corona en su primera defensa, contra el australiano Johnny Famechon, quien contaba con sólo cuatro derrotas en 58 encuentros profesionales.

Según los reportes de los cronistas de la época, Legra se fracturó el pulgar de la mano derecha al comienzo del combate, viéndose forzado a pegar manotazos en vez de golpes a puño cerrado. Steve Fagan, Peter Wilson y otros cronistas de boxeo eran de la opinión que Legra había ganado el combate, pero los jueces votaron a favor del australiano.

El boxeador de Baracoa ganó veinte mil libras esterlinas –unos 40 mil dólares– por su combate con Famechon. La derrota no le desanimó y el Puma de Baracoa se anotó nueve triunfos de diez encuentros para retar a Tomaso Galli por el campeonato europeo en 1970.

Galli –con 30 victorias, 6 derrotas y 4 empates– era un boxeador fuerte y agresivo, pero Legra le dio al italiano una lección de pugilismo, ganando el cetro europeo por segunda vez.

Legra defendió la corona europea en seis ocasiones, abdicando el cetro en 1972 cuando ganó el campeonato mundial –versión CMB– por segunda vez, al derrotar al mejicano Clemente Sánchez en Monterrey por KO en el décimo asalto.

Al igual que en su primer reinado, Legra perdió el cetro en su primera defensa, cinco meses después de coronarse campeón mundial. El cubano perdió por puntos ante el carioca Eder Jofre, quien con 37 años era un veterano algo gastado, pero con un expediente de 61-2-4 y mucha experiencia y hambre de victoria.

Ya Legra entraba en el ocaso de su carrera. Le ganó a Jimmy Bell, un buen púgil británico, pero fue derrotado en el primer asalto por el «Flaco Explosivo,» Alexis Argüello, en combate que obligó al cubano a retirarse del ring.

El dos veces campeón mundial, José Legra, se retiró con un brillante expediente de 133-12-4, que incluye 49 triunfos por la vía rápida.

«Se retiró bien,» declaró el comentarista deportivo Sarvelio Del Valle, «Se retiró con los sesos intactos, dinero en el bosillo y además de ser un gran campeón, es un hombre bueno y decente».

CAPITULO XXI

EL GRAN TROTAMUNDO:
ÁNGEL ROBINSON GARCÍA

Ángel Robinsón García era único, fuera de serie, un personaje legendario y pintoresco, un trotamundo que pertenecía a esa pequeña casta de hombres que nunca llegan a ser monarcas, pero dejan una marca histórica por sus proezas y personalidades.

En la historia del boxeo ha habido boxeadores trotamundos, púgiles dispuestos a viajar para enfrentarse a un campeón local o a un joven prospecto en su propio patio. Los primeros trotamundos cubanos fueron Enrique Ponce de León –El Topacio de Cienfuegos– y Reemberto Dúo –Relámpago Saguero– quienes celebraron combates en Europa y Estados Unidos, ganando algunos y perdiendo otros. Otro trotamundo fue Manuel Armenteros, peso gallo –también de Cienfuegos– que peleó en Cuba, México, Japón y Estados Unidos.

Ángel Robinsón García es el trotamundo más grande de la historia del boxeo mundial, ya que cruzó guantes en 21 países y territorios en 4 continentes contra lo mejor del boxeo, incluyendo a 15 campeones mundiales y decenas de campeones europeos o púgiles internacionalmente clasificados. El impresionante expediente de este boxeador cubano que fue mundialmente clasificado en dos divisiones es aún más asombroso cuando se conoce que el trotamundo lograra todas sus proezas a pesar de beber en exceso, fumar marihuana, trasnochar constantemente y ser mujeriego. Aun así, nunca falló a un contrato o canceló una pelea por una aventura, celebrando más combates –no menos de 234– que ningún otro boxeador profesional en la historia del boxeo cubano.

Ángel García añadió el nombre de Robinsón en honor a su ídolo, el incomparable Sugar Ray. El joven Robinsón García era buen tipo, se movía con fluidez, poseia habilidad, velocidad y una quijada resistente a los golpes. Debutó en las filas profesionales en 1955, ganando cinco de seis antes de concluir el año; en 1956 celebró 17 encuentros y los ganó todos.

«Era un gran prospecto,» declaró Richie Riesgo, su entrenador en aquella época, «Robinsón tenia valor, boxeaba y no le importaba quién era el contrincante, pero aún desde el principio era un caso perdido…mujeriego…fiestero. El mismo era su peor enemigo.»

En el período comprendido desde su debut en 1955 y el final del boxeo profesional en Cuba en 1961, Ángel Robinsón García se midió en el ring con los mejores boxeadores de la nación. Ganó y perdió por puntos con José Stable, hizo tabla y perdió con Douglas Valliant, ganó y perdió con Chico Morales, fue derrotado por puntos por el futuro campeón Mantequilla Nápoles, le ganó dos a Fernando Silva, se impuso por decisión sobre el zurdo Orlando Echevarría, perdió una con Puppy García y se anotó una victoria sobre el norteamericano Pete Kawala.

En esos primeros años en el ring, comenzaron sus viajes a otras tierras, a medirse con los duros. Viajó a Estados Unidos, Jamaica, Venezuela y México. Perdió e hizo tablas con el futuro campeón de las 140 libras, el Morocho Carlos Hernández, ganó y perdió con el campeón ligero de México, el peligroso Alfredo Urbina y derrotó a Eloy Henry en Panamá.

«Peleaba mucho,» declaró Richard Riesgo, «y lo gastaba todo. En más de una ocasión se subió al ring sabiendo que la bolsa entera del combate estaba endeudada al promotor que le había prestado dinero por adelantado, pero Robinsón no se preocupaba por esas cosas…»

La última pelea de Robinsón García en Cuba fue una derrota por decisión en doce asaltos contra Douglas Valliant, por el cetro nacional peso ligero. Al marchar al exilio, Ángel Robinsón solo tenía 23 años de edad pero ya era un veterano de 66 combates profesionales, 44 de ellos victorias.

«Cuando llegó a Miami,» declaró el historiador del boxeo Hank Kaplan, «se apareció en el gimnasio de los hermanos Dundee vestido de traje blanco y fumando un puro. Parecía más un promotor que un boxeador...era un personaje y tenía buena reputación. Había peleado con muchos de los mejores...»

En Miami Robinsón se anotó triunfos sobre Jimmy Mackey y Hilton Smith, como pasos iniciales para convertirse en contendiente a un cetro mundial. El gran promotor Chris Dundee –el que convirtió a Muhammad Ali en campeón– tenía grandes planes para el boxeador cubano.

«Era muy bueno,» declaró Dundee al autor, «Ya teníamos a Luis Manuel camino del campeonato welter y yo estaba seguro que Ángel Robinsón también iría camino de un campeonato. Se anotó dos triunfos sobre dos buenos boxeadores locales y lo teníamos programado para un tercer estelar local cuando llegó la oferta de ponerlo en París contra Rafiu King.»

«Uno de los errores más grandes de mi vida,» declaró el gran entrenador Ángelo Dundee, «fue enviar a Ángel a París. Lo mandé por una pelea y se quedó diez años.»

Robinsón perdió una decisión apretada con King, cautivando a los fanáticos franceses con su elegante estilo de boxeo. Robinsón se paseó por las avenidas de París, donde decidió –impulsivamente– quedarse a vivir. En París el vino era barato y las mujeres se regalaban a un boxeador de calibre internacional, pero se necesitaba mucho dinero. Un par de semanas después de su combate con King, el cubano se anotó un nocao en París, pagó sus cuentas y se anotó otro triunfo antes de concluir el mes.

A pesar de no entender el idioma, Ángel Robinsón se convirtió en ídolo de Paris; incluso contrajo matrimonio con la hija de un bodeguero, pero el romance se esfumó rápidamente para el trotamundo. Siete victorias en rings de la ciudad de las luces lo convirtieron en astro. Los actores Alain Delon y Jean Paul Belmondo asistían a sus encuentros y el cubano fiestaba en el mundo de los bohemios, dándose tragos con artistas y poetas franceses. Y para no aburrirse ganó un par de peleas en Roma y concluyó el año 1962, anotándose un triunfo sobre el fajador Ameur Lamine en Túnez.

La vida no era fácil. Las peleas eran duras y la paga, unos cuantos miles por combate, apenas alcanzaba para pagar el vino, las cuentas de taberna y las multas policíacas. En París, Ángel Robinsón fue derrotado por Eddie Perkins en el primero de una serie de combates con el gran monarca de las 140 libras. Otro campeón mundial que se anotó triunfo sobre Robinsón fue Ismael Laguna, pero el panameño fue derribado a la lona por el cubano.

García continuó en su peregrinaje pugilístico. Regresó a Túnez, peleó en Suiza, celebró un par de combates en Italia y se paseó por África, imponiéndose en revancha sobre su antiguo rival, Rafiu King.

Robinsón se enfrentó a varios campeones o ex-campeones europeos, anotándose victoria sobre Giordano Campari, tabla con Francois Pavilla y perdiendo por puntos con el hábil Jean Josselin.

A pesar de su popularidad, llegó el momento en que las autoridades francesas decidieron que el boxeador era un problema por sus malos hábitos. Expulsado de Francia, Robinsón García se dirigió hacia Barcelona, en búsqueda de un amigo cubano, el ex-contendiente de los pesos medianos Kid Tunero.

Tunero, hombre de buenos modales, era apoderado de una escuadra de buenos boxeadores que incluía al «Puma de Baracoa,» José Legra, futuro campeón mundial.

Tunero tenía contacto con promotores y Ángel Robinsón estaba dispuesto a viajar. Se anotó un nocao en Bruselas, ganó otro combate en Túnez y perdió decisiones en Alemania y Finlandia. Peleó en Londres, Argelia y en Islas Canarias, paseándose por la península ibérica, trabajando en rings de Almería, Barcelona, Santander y Bilbao.

«Se tomaba una botella de vino en una bodega antes de subir al ring,» recordó Rolando Fernández quien lo conoció en España, «y si el dinero era abundante se tomaba dos y después peleaba como si nada…»

En Barcelona, Robinsón peleó un empate con Carmelo Bossi, futuro campeón mundial; en Génova fue derrotado por otro futuro monarca, Bruno Arcari.

Su mejor año fue el 1968, cuando Robinsón García ganó, perdió y empató con el mundialmente clasificado Paul Armstead y peleó tabla y se impuso por nocao, sobre el veterano L. C. Morgan, concluyendo el año con una derrota por puntos en pelea con el campeón peso ligero Ken Buchanan.

No había campeón europeo en tres divisiones con quien Robinsón no estuviera dispuesto a pelear. Empate y derrotas contra José Hernández, futuro campeón europeo de las 154 libras y derrota por puntos con Roger Menetrey, así como derrotas por decisión con el ex campeón mundial Pedro Carrasco y otro futuro monarca, José Manuel Durán.

Cuando su carrera declinó y se auguró el fin, el veterano revitalizó su expediente con un empate con el campeón europeo y futuro campeón mundial Miguel Velásquez y una victoria por decisión sobre el campeón británico Bunny Grant.

Ángel Robinson.

Después de una década apartado de América, el cubano decidió regresar a Estados Unidos, haciendo escala en Panamá y Venezuela. El contrincante en Panamá era un peso ligero llamado Roberto Durán, invicto en 26 combates. El joven de las manos de piedra se impuso por puntos sobre Ángel Robinsón, quien ya contaba con 34 años mal vividos, pero al final del combate Durán declaró con admiración: «Cubano, tu sabes mucho…»

Cinco meses después de pelear con Durán, Ángel Robinsón perdió a la distancia con el boricua Esteban De Jesús, otra leyenda del boxeo.

«Cuando regresó de Europa,» recuerda el ex boxeador Frankie Otero, «ya estaba gastado, tenía cicatrices y se le veía la edad pero tenía mucha destreza. Aún cuando no estaba en condiciones, podía hacer diez asaltos, descansando en las sogas, moviéndose a su ritmo, amarrando al contrincante. Era un hombre de mucha experiencia en el ring, pero era desordenado. Había ocasiones en que fumaba marihuana antes de dirigirse al camerino para prepararse a pelear...»

Ángel Robinsón continuó subiendo al ring. Perdió contra Saoul Mamby, Billy Backus y el joven Wilfredo Benítez, tres campeones mundiales, todos por decisión y se anotó un nocao sobre el campeón mejicano Marcos Geraldo.

Estaba gastado y perdía a la distancia contra mundialmente clasificados y jóvenes prospectos, pero como un mago, aun podía tener momentos de gloria, produciendo un milagro ocasional.

Perry Abney, peso super welter de Philadelphia, estaba en búsqueda del estrellato, con siete nocaos en sus últimos diez encuentros. Ángel Robinsón, con 39 años cumplidos, había perdido siete peleas consecutivas. El cubano subió al ring inspirado, y dio una lección de boxeo al prospecto, anotándose un nocao técnico en nueve asaltos.

Todavía quedaba un poco de mundo por trotar. En Canadá perdió por puntos con Clyde Gray y en New York una cortada le costó una derrota ante el peligroso Willie Monroe. Regresó de nuevo a Europa, celebrando su último combate profesional en 1978, al ser derrotado por decisión en diez asaltos por Paul Payon en un ring belga.

Ángel Robinsón García celebró por lo menos 235 combates, aunque es posible que algunos encuentros adicionales hayan quedado olvidados por los archivistas del deporte. El cubano se anotó 133 victorias –52 por la vía rápida– perdió 81 –sólo 3 por KO– y tuvo 21 empates.

En París, el ex boxeador se convirtió en un «clocharde» –palabra francesa elegante para describir a un desahuciado– durmiendo borracheras en el subterráneo. Allí lo descubrió el actor Jean Paul Belmondo, quien intercedió con el régimen castrista para que permitiera el regreso a la patria del maltrecho pugilista.

Así regresó a su patria el trotamundo más espectacular de la historia del boxeo.

CAPÍTULO XXII

FRANKIE OTERO:
NÚMERO UNO EN SU DIVISIÓN

Frankie Otero era un boxeador honrado, de esos pocos que admiten las derrotas sin inventar excusas, que alaban sinceramente al oponente, y que cuando pelean dan lo mejor de sí en cada combate.

Otero nació en Cuba pero se crió en Hialeah, hijo de un empleado del aeropuerto de Miami, muchacho de clase media que horrorizó a sus padres cuando les informó que se pensaba ganar la vida entre las sogas del ring.

Después de sólo tres combates amateur –una victoria y dos tablas- el joven estudiante entró en el profesionalismo. Sus primeros contrincantes eran novatos igual que él, o veteranos preliminaristas como Sandy Seabrooke, quien tenía decenas de peleas, de las cuales más de la mitad eran derrotas. Se esperaba que el veterano fuera una prueba para el novato con sólo tres peleas amateur y cuatro encuentros profesionales, pero Frankie derrotó a Seabrooke en dos asaltos.

En 1968 Otero ganó once combates por la vía del nocao, estableciéndose como uno de los mejores prospectos en el boxeo estadounidense. El principiante aprendió el giro rápidamente con un buen maestro –Richard Riesgo– y un gran promotor, Chris Dundee.

Riesgo era un buen entrenador técnico, un hombre que sabía estrategia y Otero era un muchacho joven y con hambre de aprender. En 1969 el cubanito de Hialeah, desplegando un estilo elegante entre las sogas, celebró diez combates, ganando ocho, siete de ellos por nocao, con una derrota por puntos contra Víctor «Millón» Ortiz y una tabla en ocho asaltos con José Petersen.

«Yo tenía la mejor esquina del mundo,» declaró Frankie Otero, «Richie Riesgo, el legendario entrenador Luis Sarría y el Doctor Ferdie Pacheco. Y también tenía un gran promotor en Chris Dundee.»

En 1970 Otero se enfrentó a Jimmy Trosclair, considerado un prospecto en la división de las 130 libras. Trosclair, de New Orleans tenía un rosario tatuado en el pecho.

«En aquella época,» declaró Frankie Otero sobre sus combates con Trosclair, «los tatuajes no eran comunes y cuando vi a Trosclair con aquel rosario tatuado en el pecho le dije al Dr. Ferdie Pacheco en mi esquina ¿Qué hace un muchacho de buena familia encima del ring con este personaje? Trosclair era fuerte pero no le gustaba pelear adentro y yo era más rápido y boxeaba mejor. Le gané dos veces por decisión.»

En 1971, con 31 victorias –21 por nocao– una derrota y una tabla, Otero se enfrentó a Ken Weldon, un tejano con expediente de 24 victorias, 2 derrotas y 1 empate.

La pelea con Weldon fue por el campeonato norteamericano de la división super pluma.

«Weldon,» recordaba Otero sobre el combate, «Boxeaba muy bien pero no era pegador. Le gané en una de mis mejores peleas. Yo tenía más velocidad y más pegada pero Ken era valiente y tenía buen estilo. Esa fue la noche que tuve el honor de coronarme campeón de Norteamérica.»

Después de vencer a Weldon, Otero se enfrentó al mejicano Alberto Pérez, en defensa titular de su campeonato.

«Pérez era un mejicano fuerte que peleó dos tablas con Néstor Rojas, quien era uno de los mejores de la división,» dijo Otero. «Cuando empezamos la pelea, no pensé que tenía buena pegada, pero me derribó en el segundo asalto con un buen derechazo. Eso me despertó y le di con buenas combinaciones….»

«Cuando a Frankie lo derribaban,» declaró el historiador de boxeo Hank Kaplan, «se levantaba de la lona furioso y se fajaba duro. Frankie tenía mucho público por su buen boxeo, gran corazón y personalidad simpática.»

Otero se sobrepuso del derechazo de Pérez, derribó al mejicano y retuvo el campeonato de Norteamérica. Antes de concluir el 1971 Otero se anotó tres triunfos más, uno sobre Bill Wittenburg.

«Cool Willie,» como se apodaba Wittenburg, era un boxeador diestro y fuerte, que ganaba combates en el ámbito local en su estado de West Virginia y perdía con los boxeadores de categoría cuando salía de su terruño. Wittenburg había sido derrotado con frecuencia pero sus adversarios habían sido púgiles de talla como el campeón mundial Pedro Carrasco y los clasificados Edwin Viruet y Sammy Goss, a ambos de los cuales Whittenburg le había durado la distancia de diez asaltos.

«Wittenburg era fuerte y asimilaba mucho,» recuerda Otero, «su expediente no era bueno pero tenía experiencia, sabía muchos trucos y era más difícil que otros que estaban clasificados. Whittenburg me derribó a la lona y nos

Frankie Otero

fajamos todos los asaltos de campana a campana, tirándonos con ganas. Le di con todo –muchísimas combinaciones– y lo tenía mareado, pero se mantuvo de pie. Gané la decisión, pero fue una de las peleas más duras de mi vida.»

Otero perdió el campeonato norteamericano en combate a diez asaltos contra «El Maestrico» José Luis López.

«José Luis era fuerte y era bueno,» declaró Otero, «y yo tuve mis momentos, pero esa noche él fue el mejor. Me debilitó con golpes al cuerpo y ya yo comenzaba a declinar en mis facultades, pues aunque tenía solamente 24 años, tenía cuarenta peleas profesionales, no tenía la misma velocidad que a los 18 o 19 años y estaba enamorado, planeando el matrimonio.»

A pesar de estar clasificado como el primer retador del mundo en su categoría, la oportunidad de pelear por el campeonato mundial eludía a Otero.

«Alfredo Marcano era el campeón mundial», declaró Otero, «y mi promotor Chris Dundee entró en negociaciones pero nunca se llegó a un acuerdo. Chris y Richie Riesgo querían la pelea en Miami Beach y los apoderados de Marcano querían que fuera en Venezuela, y tampoco llegaron a un acuerdo de dinero. Es una lástima, ya que todo boxeador sueña con retar por el título mundial y yo quería esa oportunidad.»

En 1973 Frankie Otero se enfrentó al ex campeón mundial Ken Buchanan, el guerrero escocés que había perdido el título en controversial combate con Roberto Durán.

«Su estilo era similar al mío», dijo el campeón Buchanan sobre Frankie Otero, «y estaba en condiciones físicas óptimas. Fue una pelea durísima.»

Otero perdió por decisión, habiendo sido derribado a la lona una vez, pero peleó con valor, obligando a Buchanan a trabajar con esmero para obtener el triunfo. Dos meses después de su derrota contra Buchanan, el cubano regresó al ring derrotando al africano Love Allotey por puntos en diez asaltos.

«El triunfo sobre Allotey fue una de mis mejores victorias,» recuerda Otero, «Era un veterano con decenas de peleas que había estado en los casilleros de los clasificados por mucho tiempo. Fue campeón peso ligero del Imperio Británico y peleó contra Flash Elorde por el título mundial. Era un hombre peligroso y la pelea fue estratégica. En una ocasión le doblé las rodillas con una buena combinación pero Allotey asimilaba bien».

«Después de ganarle a Allotey,» declaró Otero, hablando sobre su carrera, «cometí el error de ir a Puerto Rico a pelear con Alfredo Escalera, quien acababa de derrotar por nocao a Miguel Montilla y a

Frankie, Luis Manuel y Floro.

Leo Randolph. Escalera me derrotó en cinco asaltos y después vino la revancha con Buchanan. Esta vez yo no estaba en las mismas condiciones físicas y mentales de la primera pelea y Buchanan me derrotó en seis asaltos por nocao técnico.»

Entre 1974 y 1977 Otero celebró sólo nueve combates, anotándose cinco triunfos y cuatro derrotas. Consciente que su carrera había llegado a su fin, el boxeador cubano se retiró del boxeo para dedicarse a su familia y al giro de bienes raíces en calidad de cotizador de propiedades y agente de ventas. En 1984 y 1985 regresó al ring para combatir en dos peleas preliminares, con la única ilusión de sentir su cuerpo entre las sogas del ring. Ganó ambos encuentros y se retiró definitivamente del boxeo con un expediente de 49-9-2 con 31 triunfos por la vía rápida.

Además de sus inversiones y negocios de bienes raíces, Otero se mantuvo activo en el pugilismo con las empresas promotoras de Chris Dundee y Walter Álvarez, trabajando como «matchmaker» y dirigiendo esquinas de boxeadores en diferentes rincones del mundo, incluyendo Inglaterra y Brasil.

Pedro Laza.

CAPÍTULO XXIII

EL BOXEO AMATEUR BAJO EL COMUNISMO

A pesar de que el régimen de Fidel Castro ha pretendido hacer creer que el boxeo amateur cubano fue producto de la revolución, lo cierto es que el boxeo amateur floreció en Cuba desde la época de la Primera Guerra Mundial. Decenas de asociaciones atléticas auspiciaban equipos de boxeo y campeonatos nacionales. En 1938 se instituyó en Cuba el torneo de los Guantes de Oro que atraía a cientos de amateurs en búsqueda de fama y trofeos.

En los años que siguieron a la Segunda Guerra Mundial, los boxeadores amateur cubanos participaron en competencias internacionales. Roberto Fernández Miranda, director de deportes en aquel entonces, ha declarado al autor que llegaron a haber, en la década de los cincuenta, ocho mil boxeadores amateurs inscritos en el país.

Las estrellas cubanas del boxeo amateur internacional antes de la época castrista incluyeron a José Stable –quien compitió en los Juegos Panamericanos– a Kike Lamela –medalla de oro en los Juegos Centroamericanos de 1949– y los tres cubanos que ganaron el Diamond Belt (Cinturón de Diamante) en las competencias internacionales de Seattle en 1957: Sarvelio Fuentes, Tony Zaldívar y Douglas Valliant.

Al abolir el boxeo profesional –ejemplo de la libre empresa –y permitir sólo el pugilismo amateur, el régimen de Fidel Castro argumentaba que el deporte se hacía más puro, sin la explotación por fines económicos. Los puntales de la edificación de un inmenso programa nacional de boxeo amateur fueron Alcides Sagarra, el anciano entrenador de origen panameño Wee Wee Barton, y el ex peso mediano profesional Sarvelio Fuentes.

El sistema deportivo de Cuba comunista se parece en mucho al de la Alemania de Adolfo Hitler, donde el atletismo era utilizado con fines políticos para vender la imagen de que el régimen era positivo para la sociedad. Si bien Cuba llegó a convertirse en una potencia mundial del boxeo amateur, lo cierto es que la explotación del hombre por el hombre, del profesionalismo, fue substituida por la explotación del hombre por el estado.

Cierto es que el boxeo profesional es frecuentemente explotador y muchos boxeadores adquieren fama y fortuna para terminar en el olvido y sin dinero –por culpa propia o de quienes le manipulan– es cierto también que otros boxeadores se benefician del boxeo profesional.

En la historia del boxeo profesional cubano hay numerosos casos trágicos. Black Bill y Valliant se suicidaron. Chocolate murió en la pobreza, en un cuarto donde las cucarachas caminaban por las paredes mientras el ex campeón agonizaba en su lecho de muerte. José Stable y Baby Coullimber fueron de la fama al presidio común. Ángel Robinson García fue víctima del alcohol y Elvis Yero de la droga.

Pero para otros el boxeo fue fuerza positiva. Kid Tunero y Fillo Echevarría fueron propietarios de gimnasios y entrenadores respetados. Mantequilla Nápoles tiene propiedades y un centro nocturno. Elpidio Pizarro fue propietario de agencias de automóviles. Tommy Albear y Jess Losada llegaron a ser influyentes comentaristas deportivos y Raúl Lezcano fue alcalde de Marianao. Frankie Otero es cotizador y agente de bienes raíces y Johnny Sarduy es un exitoso empresario en el giro de la construcción en Miami.

Los resultados finales de todos estos boxeadores –a los que les fue bien y a los que les fue mal– es que todos tuvieron opciones individuales. Unos decidieron gastar el dinero en mujeres, bebidas y drogas y otros optaron por comprar propiedades e invertir en el futuro.

Promotor Ramiro Ortiz. *Promotor Walter Álvarez.*

Esas opciones individuales –de lograr buen futuro o quemar las naves– no han existido bajo el sistema de profesionalismo– amateur del régimen castrista. Bajo el comunismo, el boxeador no recibe opciones. El mundo del boxeo cubano amateur carece de incentivos materiales. En algunos casos, los muy buenos –y no todos tampoco– reciben de premio una modesta vivienda, en casos especiales un auto Lada, y la promesa de un trabajo de entrenador –con sueldo modesto– al finalizar sus carreras.

Sin recompensas, los boxeadores continúan peleando por un escaño en el equipo nacional, ya que además de los trofeos y medallas, el boxeo les proporciona una oportunidad de viajar al mundo exterior, donde se pueden comprar bienes de consumo para revender en Cuba.

Aunque en la mayoría de los casos los objetos de venta y reventa son fáciles de transportar –como camisas, radios o relojes– el escritor británico John Duncan detalla en su libro «En la Esquina Roja,» una escena surrealista donde el campeón olímpico Maikro Romero agencia, en un viaje al exterior, comprarse un par de llantas de Lada para llevar a Cuba en su viaje de regreso a la isla. La imagen de un peso mosca con atuendo de deportista cargando un par de llantas por un aeropuerto es una imagen algo fuera de lo común, pero no única en el contexto del proceso político cubano.

La mayoría de las estrellas del boxeo amateur cubano terminan sus carreras regresando al anonimato de trabajos de menor cuantía, con muchas medallas y despensas vacías, en una sociedad empobrecida y totalitaria, sin haber recibido recompensas materiales para mitigar la pobreza producida por el socialismo.

Según el escritor británico John Duncan, el gran boxeador holguinero Ángel Espinosa afronto su retiro en condiciones de pobreza, reclamando –en vano– un automóvil al instituto de deportes, quienes ignoraron su pedido.

«Como un diamante que se perdió en un latón de basura,» declaró Espinosa, «Tuve la oportunidad de abandonar este país pero siempre regresé. Y ahora, ¿que soy?»

Héctor Vinent –dos veces campeón olímpico– se retiró con una retina dañada para enfrentarse a un triste futuro como preso común en una cárcel castrista, condenado a diez años de prisión por golpear a un policía del régimen.

Irónicamente, Marino Boffill, quien fue una de las primeras estrellas del boxeo amateur en la era castrista vio su carrera tronchada por una larga condena en el presidio político. Boffill, campeón nacional peso completo obtuvo medalla de oro en la primera confrontación internacional entre boxeadores cubanos y alemanes, pero regresó a la Isla bajo arresto, acusado de intentar escapar por el infame «Muro de Berlín» hacia la zona libre.

Los grandes boxeadores del período en que sólo se permite el boxeo amateur en Cuba, incluyen a Teófilo Stevenson, Félix Savón, Ángel Milián, Andrés Aldama, Adolfo Horta, Ángel Espinoza, Luis DeLis, Maikro Romero, Rolando Garbey, Roberto Balado, Héctor Vinent, Arnaldo Mesa, Alexis Rubalcaba, Ramón Garbey, Emilio Correa, Douglas Rodríguez, Armando Martínez, Juan Hernández, Rogelio Marcelo, Juan Lemus, Ángel Herrera, Julio González, Joel Casamayor, Sixto Soria, José Gómez, Orestes Solano, Orlando Martínez y decenas de atletas de gran talento, quienes obtuvieron numerosas medallas y campeonatos mundiales, olímpicos y panamericanos.

El mejor amateur cubano «libra por libra» posiblemente fue Adolfo Horta quien se anotó 319 triunfos y sólo 27 derrotas en su carrera. De Camagüey, buen boxeador a todas las distancias, Horta ganó decenas de medallas y trofeos incluyendo medalla de plata en las olimpiadas de Moscú de 1980 y tres campeonatos mundiales amateur en diferentes categorías. Horta, según los cronistas del boxeo amateur, era el mejor de los mejores, un púgil que podía combatir a cualquier distancia, adaptando su estilo con rapidez.

Mucho se ha especulado sobre el talento de Teófilo Stevenson, algunos argumentando –creemos que con desmedido fanatismo– que fue el mejor boxeador de todas las épocas, capaz de ganarle a Muhamad Ali. Ciertamente el peso completo cubano fue una maravilla en el boxeo amateur capturando decenas de trofeos y coronándose campeón en tres olimpiadas, proeza que sólo había sido llevada a cabo por el peso mediano húngaro Lazlo Papp.

Si bien Stevenson fue uno de los grandes amateur de todos los tiempos, es difícil predecir cuan exitosa hubiera podido ser su carrera profesional. Hay una gran diferencia entre los amateurs con tres rounds a los profesionales, donde las peleas de campeonato son de doce o quince asaltos.

El ritmo del combate entre los profesionales y los amateurs tiene grandes diferencias y muchas estrellas de torneos amateur –Clint Jackson y Howard Davis como ejemplos– no lograron la inmortalidad profesional que se predecía en sus años de trofeos. Ya pocos recuerdan a Craig Payne, peso completo de Michigan que venció a Stevenson y a Mike Tyson en los amateurs, pero perdió 20 de sus 33 combates profesionales. Ramón Garbey –estrella amateur en Cuba– llego a ser estelarista en el exilio, pero no alcanzó en las filas profesionales los primeros casilleros, donde combaten los campeones y retadores por gruesas bolsas.

Es lógico pensar que Stevenson, Savón, Horta y varios de los mejores boxeadores amateur cubanos pudieran haber tenido grandes carreras profesionales, pero nunca se sabrá, debido a la política y el tiempo difícil en que vivieron.

Aunque Stevenson derrotó a varios boxeadores en las filas amateurs que llegaron a ser buenos profesionales o campeones –incluyendo a John Tate y Michael Doakes– también es cierto que cuando se enfrentaron, los norteamericanos eran muchachos con experiencia limitada y el cubano era ya un veterano de numerosos topes internacionales.

No se puede insistir en la grandeza de Stevenson –comparándolo con leyendas profesionales como Alí o Louis– si se toma en cuenta que fue derrotado dos veces por Francesco Damiani –que era bueno pero no maravilloso– dos veces por Igor Visotsky –una por la vía rápida– y por Duane Bobick –que era aceptable pero fue pulverizado en las grandes ligas de los profesionales.

Otros boxeadores con victorias sobre Stevenson incluyen a Peter Somner –quien derrotó a Teofilo dos veces de tres– así como Alexander Krupkin, Craig Payne, Bern Adner y Osvaldo Castillo, quienes eran buenos amateurs pero no pertenecen en la misma liga que los Ali, Frazier, Foreman y Holmes que Stevenson enfrentaría en las filas profesionales.

Lo mismo se puede argumentar en el caso de Félix Savón. El peso completo que emuló a Stevenson ganando tres coronas olímpicas tuvo momentos en que lucía indestructible, pero en algunos combates fue derrotado por amateurs de niveles ordinarios, llegando a perder 18 combates por la vía rápida. Entre los que vencieron a Savón se encuentran Juan De Lis –que se anotó dos victorias por nocao sobre Savón– y el mediocre peso completo coreano Lee Dal Han, quien también encontró como derribar al cubano.

CAPÍTULO XXIV

LOS BOXEADORES DEL MARIEL

La política afecta al boxeo y el exilio masivo a Estados Unidos del Puerto del Mariel, tenía entre los 125,000 recién llegados, unos cuantos boxeadores, los cuales debutaron al profesionalismo en las carteleras del promotor cubano Félix «Tuto» Zabala.

Zabala habia trabajado en la banca en Cuba, pero abandonó la Isla en 1961 para involucrarse en conspiraciones contra la dictadura castrista. Comenzó su carrera como promotor de boxeo en Puerto Rico y para la década de los años ochenta Zabala controlaba gran parte del boxeo profesional en el sur de la Florida y en Puerto Rico, representando también a boxeadores de Colombia, país donde Zabala tenía buenos contactos.

Aunque Cuco Conde fue el promotor de boxeo más importante que dio Cuba, Zabala –quien no llevo a cabo presentaciones en Cuba– ha sido el promotor más destacado de la Perla de las Antillas en el ámbito internacional. Zabala fue el empresario que llevó al dominicano Carlos Teo Cruz al campeonato mundial de los pesos ligeros y al venezolano Vicente Rondón al titulo de los semi-completos; bajo la tutela de Zabala, Happy Lora, el elegante estilista de Montería, Colombia, conquistó el cetro gallo y su gran oponente, Wilfredo Vázquez, también llegó al titulo mundial.

Tuto quería tener un campeón cubano; su competencia local, Julio Martínez –cubano que llego a ser alcalde de Hialeah– tenía la misma aspiración. En decenas de carteleras de ambos promotores se presentaron todos los aspirantes a la fama y tesoro del ring.

La generación de boxeadores del Mariel incluyó a Pedro Laza, Kid Monzote, Isidoro Moreno, Alcides Morales, Remigio Carrillo, Mauricio Rodríguez, Eduardo Lugo, Raúl Hernández, Emilio Díaz, Carlos Albuerne, Herminio Hernández, Mario O'Farrill, Miguel Pino, Jesús Sánchez, Gavilán González y otro puñado de púgiles, quienes dieron una inyección de esperanza a la fanaticada cubana en el exilio. Incluidos en esta generación de boxeadores había unos cuantos cubanitos criados en la Florida, incluyendo a Braulio Santiesteban, los hermanos Ribalta y uno criado en California.

Irleis «El Cubanito» Pérez fue el peso ligero criado en California, donde desarrolló su carrera amateur y sus primeros pasos como profesional. Activo desde 1978 a 1986, Pérez se anotó un expediente de 36 victorias (25 por KO) y 4 derrotas, una de ellas por el campeonato peso ligero de la Federación Internacional de Boxeo, perdiendo por puntos ante Jimmy Paul.

Ninguno de los marielitos recién llegados llegó a la cima. Varios se batieron con campeones y clasificados, pero el grupo no sobrepasó el ámbito de héroes del barrio o estelaristas de carteleras locales.

El mejor de los marielitos fue Pedro Laza –de Matanzas– quien poseía buena esquiva y bella técnica de boxeo, pero carecía de poder en la pegada y su quijada era frágil. Laza ganó 30 combates y perdió siete. Su mejor esfuerzo fue una presentación –honorable derrota– contra el africano Cornelious Boza Edwards, ex campeón mundial.

Otro cubano popular en los cuadriláteros de la Florida fue Mauricio Rodríguez, quien logró buena racha de triunfos con boxeo elegante, pero no dio el brinco a los niveles superiores, careciendo de potencia en la pegada. El estilista recopiló un expediente de 32 victorias y solo 3 derrotas, pero no se enfrentó al «hierro» de la división y solo logró 9 triunfos por nocao.

Los boxeadores del Mariel dieron lo mejor de sí, pero algunos estaban ya muy gastados de pelear decenas de combates amateurs en la isla ya que el hambre los motivaba a combatir para comer, sin tener en cuenta el contrincante.

Isidoro Moreno –de 140 libras– pegaba duro pero aguantaba poco, siendo derrotado en dos oportunidades por Johnny Torres, un púgil mejicano-americano de Homestad.

Eduardo Lugo pegaba con fuerza, pero carecía del nivel de experiencia técnica que lo pudiera haber elevado más allá de oponente de los boxeadores de primera línea. Lugo perdió con tres campeones mundiales: Johnny Bumpus, Gene Hatcher y Frankie Randall. El marielito perdió las tres por la vía rápida, pero dio buen espectáculo y se batió con entusiasmo.

Entre los boxeadores cubanos del Mariel que quedaron relegados a planos preliminares, el más popular fue Raúl Hernández, matancero que se anotó un expediente de 22-28-5 y aunque perdía al igual que triunfaba, era aplaudido por los fanáticos que le conocían y admiraban su entusiasmo en el ring. Hernández, quien trabajo en un circo en Cuba, «comiendo candela,» era un personaje pintoresco del boxeo en Miami.

Además de Zabala y Martínez, había otros promotores cubanos en los años ochenta, destacándose Walter Álvarez y Ramiro Ortiz.

Álvarez, ingeniero de profesión, comenzó en el boxeo como fanático del deporte en sus días estudiantiles y para la década de los ochenta era manager de un par de jóvenes preliminaristas en Miami. Su salto a las grandes ligas fueron en copromociones de dos importantes carteleras: los encuentros entre Pryor-Arguello y Durán-Hearns. El combate Arguello-Pryor de su empresa promotora, fue la cartelera mas importante –en asistencia y publicidad– en la historia del estado de Florida.

Ramiro Ortiz –el cuarto de los promotores cubanos de la epoca– se encontraba activo en Fort Lauderdale, al norte de Miami. Ortiz –ex boxeador amateur– llevó a cabo casi tres docenas de promociones locales y nacionales, retirándose activamente del boxeo para dedicarse al giro de la banca, llegando a ser presidente de importantes empresas de la banca y uno de los hombres más poderosos en la comunidad del sur de la Florida.

Ortiz auspició el debut profesional de José Ribalta, el mejor boxeador cubano de la nueva generación, quien no era refugiado del Mariel, y se crió en un modesto barrio del noroeste de Miami.

José Ribalta provenía de una familia dedicada al boxeo. Su tío, Rodolfo «Pototo» Ribalta fue peso ligero profesional durante los años cuarenta y principio de los cincuenta, con un expediente mediocre pero con derrotas ante los mejores púgiles cubanos de la época, incluyendo a Humberto Sierra y Diego Sosa.

Además del tío, un hermano mayor de Ribalta fue campeón nacional de los pesos completos en el boxeo amateur en Cuba y otro hermano –José Agustín– peleó varios encuentros profesionales en peso welter.

José Ribalta comenzó en el boxeo amateur en el peso mosca antes de poder afeitarse –peleó en todas las divisiones– ganando varios torneos amateurs de los Guantes de Oro de la Florida. Debutó como peso completo profesional en 1982 y su carrera se extendió dos décadas, intercambiando golpes con los mejores de tres o cuatro generaciones de boxeadores incluyendo a Mike Tyson, Larry Holmes y Bonecrusher Smith.

Alto –seis pies cuatro pulgadas– y unas 225 libras de peso, Ribalta recibió el apodo de «El Niño» en honor al peso completo de otra generación. «El Niño» Ribalta boxeaba bien y tenía la pegada que poseen todos los pesos completos, ganando 17 de sus primeros 19 encuentros –12 por KO– y siendo considerado uno de los mejores prospectos de la división.

En el transcurso de su carrera, Ribalta (39-17-1 con 28 KO) se batió con todos al duro. Mike Tyson le ganó al Niño Ribalta por knockout, pero el combate se extendió hasta el décimo asalto, algo insólito en la época en que Tyson pulverizaba a hombres duros en minutos.

«Tyson pega duro,» declaró Ribalta en una entrevista al autor, «Pero hay otros completos que tienen más pegada; Bonecrusher Smith pega más duro que Tyson pero no tira combinaciones. Smith tira un golpe y espera. Tyson ataca y golpea, golpea y golpea… no te deja tranquilo.»

«Larry Holmes tiene mucha experiencia,» continuó diciendo Ribalta, «Holmes se desliza un par de pulgadas en la lona y antes que te des cuenta estás en la distancia de su golpe. Y Holmes tiene puntería.»

Los mejores triunfos de Ribalta incluyen nocao en el primer asalto sobre el ex campeón mundial Leon Spinks y una victoria por puntos sobre el peligroso fajador Jeff Sims. El peso completo se retiró del ring con casa propia y un empleo con el sistema escolar de North Miami Beach.

Otro peso completo cubano de la época –residente de New Jersey– fue Carlos «Rocky» Hernández. Ganó sus primeros quince combates sobre preliminaristas y veteranos, pero no pudo aguantar la pegada de los mejores en la división. Fue derrotado por nocao por Eddie Gregg, Bert Cooper y el anciano pero peligroso George Foreman. Hernández se retiró en 1988 con expediente de 18-6-1 que incluye 13 triunfos por nocao y 5 derrotas por la vía rápida.

Con el retiro de Chris Dundee, el gran promotor de Miami Beach, el boxeo profesional en la Florida llegó a estar controlado por los cubanos. Las promociones contaban con empresarios como Tuto Zabala, Walter Álvarez y Julio Martínez. Los gimnasios contaban con numerosos boxeadores, entrenadores y managers criollos y no faltaban los referees cubanos.

Siguiendo en la tradición de los árbitros grandes de Cuba –como Fernando Ríos, Mike Rojo y Johnny Cruz– los cubanos del exilio también se destacaron en la tercera posición en el ring, sobre todo Jorge Alonso y el afable Armando García. Ambos comenzaron como referees en los topes amateur y llegaron a la cima del profesionalismo, trabajando peleas de campeonato mundial.

García, el árbitro más experimentado en la historia del boxeo cubano, ha participado en casi dos docenas de peleas de campeonato mundial profesional y ha sido árbitro de numerosos encuentros amateur olímpicos e internacionales.

Jorge L. González.

D. Hurtado.

CAPÍTULO XXV

BOXEADORES BALSEROS Y NUEVOS CAMPEONES

Después de la generación de boxeadores del Mariel, el boxeo cubano declinó, convirtiéndose en un puñado de preliminaristas de poca importancia.

Una nueva infusión –con tres futuros campeones– comenzó a mediados de la década de los noventa. A pesar de la vigilancia del régimen sobre los atletas en gira fuera de territorio cubano, algunos de los mejores púgiles cubanos lograron asilarse y otros llegaron a Miami por vía de los campamentos de balseros establecidos por el gobierno norteamericano en la base naval de Guantánamo.

Uno que acaparó alguna atención fue Jorge Luis González, un gigantesco peso completo, quien se asiló en Europa y debutó en Estados Unidos. El comienzo de su carrera se convirtió en una pesadilla de problemas legales por firmar contratos con diferentes empresas promotoras. Con seis pies siete pulgadas de estatura y pesando unas 240 libras, con un corte de pelo estrafalario y bigote Fu-Manchú, González intimidaba. Había sido campeón mundial amateur y tenía un triunfo y una derrota a manos de Lennox Lewis. En Miami –lleno de exiliados cubanos– González pudiera haberse convertido en la nueva estrella pugilística adorada por los fanáticos.

El problema era que González caía mal. Tenía un comportamiento vulgar, aparentando ser más «un guapo de barrio» que un atleta profesional. Sus entrenadores se quejaban de su indisciplina y el boxeador no se entrenaba seriamente para los combates, llegando a tener fuertes intercambios de palabras con algunos miembros de la prensa, incluyendo a Minito Navarro, veterano del boxeo cubano y editor deportivo de una estación de radio.

González se alimentó con una dieta de púgiles de tercer nivel. Su tercer contrincante Larry Fortner tenía dos victorias y cinco derrotas. Benji Smith, el sexto oponente, tenía una tabla y seis derrotas en siete peleas. David Graves, el noveno, ganó sólo dos de diez combates.

El gigante cubano logró 23 triunfos consecutivos, siendo su mejor victoria un nocao sobre el ex contendiente Reinaldo Snipes. Su oportunidad para la gloria de un campeonato se presentó cuando González subió al ring contra Riddick Bowe, quien en aquel entonces era el campeón mundial –versión OMB– de los pesos completos.

Bowe –con expediente de 36-1 –la única derrota a manos de Evander Hollyfield– era grande y fuerte pero tenía fama de no ser muy agresivo en ciertos momentos. En los días antes de la pelea de campeonato, González vio a la esposa de Bowe en una conferencia de prensa. La señora estaba en estado de gestación y a pesar de ello, el nada simpático González la insultó de manera muy vulgar.

El comentario le costó caro a González, ya que Bowe subió al ring con muchas ganas de pelear y en condiciones optimas. Bowe castigo duramente a González, derrotándolo por la vía rápida en seis asaltos, y el cubano no se recuperó bien de la derrota. Después de perder con Bowe, González ganó ocho combates y perdió seis, cinco de ellos por la vía rápida.

Otro púgil, Elvis Yero, criado en Estados Unidos y producto de los campeonatos de Guantes de Oro de la Florida, despuntaba como un gran prospecto, ganando el campeonato nacional amateur en las 140 libras. El gran prospecto –adicto a las drogas desde la adolescencia– no fue más allá de ser preliminarista muriendo de una sobredosis de drogas en un hotelucho de Miami.

La muerte de Yero no fue la única tragedia afectando a boxeadores cubanos. Yinlay Cabrales, peso pluma residente en Hialeah, murió al ser atropellado por un automóvil cuando corría en plan de entrenamiento.

Otros criollos radicados en Estados Unidos fueron considerados púgiles de buen calibre. Varios de ellos era dirigidos por Luis De Cubas, René Gil, Julio Martínez y un grupo de inversionistas que apodaron al grupo con el nombre de «Team Freedom.»

Eliecer Castillo, que ganó medalla de bronce en el Torneo Copa Cardin en 1990, llegó a Estados Unidos vía la base naval de Guantánamo. Peleando en la división de los pesos completos le quitó el invicto −32 peleas− a Andrew Purlette, le ganó al veterano Ross Purity y se anotó triunfo sobre Paea Wolfgram, quien había ganado medalla de bronce en los juegos olímpicos de 1996. Castillo fue derrotado por el ex campeón Tim Witherspoon y el prospecto Charles Shufford. Fuerte y musculoso, Castillo boxeaba bien pero carecía de la pegada demoledora necesaria en los pesos completos del boxeo. Para mediados del 2003, Castillo tenía expediente de 24-3-2 con 13 de sus triunfos por nocao, incluyendo un nocao sobre Lawrence Clay Bey, un boxeador con 18 victorias y una sola derrota, victoria que coloco a Castillo en posicion favorable en los pesos completos.

Otros boxeadores de la época incluyen al valiente púgil Hicklet Lao, Iván y Ramón Ledon, el peso crucero Ramón Garbey, Giorbis Barthelemy, Eliseo Castillo −hermano de Eliecer−, el peso mediano Mario Iribarren, Julio García, Reidel Chipi, Orlando González y el peso super pluma Ricky Piedra.

Para finales de un milenio y principios de otro, tres cubanos −Joel Casamayor, Juan Carlos Gómez y Diobelys Hurtado− se coronaron campeones mundiales.

DIOBELYS HURTADO

Diobelys Hurtado llegó a ser muy popular con los fanáticos cubanos del área de Miami. Además de tener una personalidad agradable, el peso junior welter contaba con buena velocidad, destreza entre las sogas y contundente pegada. El boxeador −con un expediente amateur de 221-20− se asiló en octubre de 1994, debutando al profesionalismo dos meses después.

Su principio en las filas profesionales fue fácil. Sus apoderados fueron cautelosos en seleccionar oponentes. Hurtado se había enfrentado a boxeadores de calibre mundial en topes internacionales pero sus contrincantes en su primera etapa profesional eran presas fáciles.

Darrel Walker, su segundo contrincante, tenía una victoria y cuatro derrotas consecutivas. Rafael Rodríguez, su quinto oponente, sólo había ganado 3 de 24 combates, con 10 derrotas consecutivas. Elvin González tenía 5 triunfos en 25 encuentros y Ed Pollard había perdido 22 de sus 44 peleas. Ante este pobre nivel de oposición, Hurtado se anotó veinte victorias consecutivas, trece por la vía del nocao.

La culpa de que sus oponentes no fueran de buen calibre no era de Hurtado. El boxeador se enfrentaba ante quien le pusieran en el ring y le sobraba talento. Hurtado poseía excelente técnica de boxeo, pegada contundente y amor propio.

El boxeador santiaguero se anotó una racha de triunfos sobre preliminaristas y jornaleros competentes, pero por un tiempo sus combates más memorables fueron derrotas ante Pernell Whittaker y Kostya Tzyu.

Hurtado peleó con Whittaker en 1997 –por el campeonato del CMB– cuando el gran campeón estaba en el ocaso de su carrera. El cubano, casi desconocido por los fanáticos internacionales, sorprendió al mundo pugilístico cuando propinó golpiza y lección de boxeo a Pernell, derribándolo dos veces a la lona. En el onceno asalto, unos minutos antes de poder coronarse campeón, a Diobelys «se le acabó la gasolina» y fue víctima de un nocao desesperado por parte de Whittaker.

Contra Tzyu, Hurtado sorprendió al mundo nuevamente al derribar al fuerte Mongol a la lona en el primer asalto, pero Kostya se recuperó, aniquilando al cubano con poderosos ganchos al cuerpo. Hurtado se desplomó en el quinto asalto ante el fiero ataque de Tzyu.

Los críticos de Hurtado declaraban que aunque el boxeador tenía buen estilo, mucha velocidad y gran pegada, su capacidad de aguantar golpes dejaba algo que desear, por lo cual algunos de sus detractores auguraron su derrota al enfrentarse al recio pegador Randall Bailey.

Con 34 victorias –21 de ellas por KO– dos derrotas –ambas por KO– y una tabla, Hurtado se enfrentó a Randall Bailey por el cetro de la Asociación Mundial de Boxeo. Bailey, de Miami, tenía 25 triunfos –todos por la vía rápida– y solo dos derrotas.

«Es una pelea atractiva,» declaró el historiador pugilístico Hank Kaplan, «y creo que Hurtado tiene la ventaja ya que boxea muy bien –mucho mejor que Bailey– y tiene buena velocidad. Bailey pega con potencia pero es posible que Hurtado tenga más poder. No hay muchos boxeadores en el mundo que se puedan jactar de haber puesto a Pernell y a Tzyu en la lona y esa fue una proeza de Hurtado. Ha estado muy cerca del titulo mundial en dos ocasiones...»

El combate Hurtado-Bailey fue parte de la cartelera encabezada por Tito Trinidad contra Hassine Cherifi. En el sexto asalto todo parecía indicar que los detractores de Hurtado tendrían la razón, cuando el cubano fue derribado a la lona por un fuerte derechazo de Bailey.

Mostrando valor y buena pegada, Hurtado se sobrepuso al golpe y fue al ataque contra Bailey, quien tenía ventaja en la puntuación de los jueces al comienzo del séptimo asalto. Con un ataque agresivo concentrado a la región hepática, Hurtado se anotó nocao sobre Bailey en el séptimo asalto, coronándose campeón de la AMB.

El reinado fue corto. En su primera defensa Hurtado perdió por nocao técnico en dos asaltos ante Vivian Harris, boxeador con nombre de mujer y dura pegada de hombre.

Al comenzar el 2003, Diobelys Hurtado –aún activo– tenía un expediente de 35-3-1 con 23 triunfos por nocao y las 3 derrotas por la vía rápida. Atleta disciplinado y hombre de hogar, el junior welter de Santiago se mantenía en los primeros casilleros de la división.

JUAN CARLOS GÓMEZ

A Juan Carlos Gómez le apodaron «La Pantera Negra.» El boxeador –quien llegó a ser el primer cubano en coronarse campeón peso crucero– tenía mucho a su favor para triunfar como profesional. Con seis pies, cuatro pulgadas de estatura, buena técnica, sólida pegada y una década de experiencia en los topes amateurs internacionales y de Cuba, el zurdo atrajo la atención de la prensa europea desde que se asiló en Alemania.

Gómez, de La Habana, con diez hermanos y hermanas, soñaba de niño con ser pelotero, pero un burócrata del instituto de deportes decidió que el espigado muchacho debía ser boxeador.

En una entrevista con el cronista de boxeo Thomas Gerbasi, Gómez declaró: «Yo no seleccioné al boxeo...yo quería ser pelotero pero en Cuba a uno no se le permite decidir.»

A los 17 años, Juan Carlos viajó a Lima, Perú, donde se coronó campeón mundial amateur en la división de los pesos medianos. Al asilarse en Alemania en 1995 –con 21 años de edad– ya tenía un impresionante expediente amateur de 286 victorias y sólo 15 derrotas.

«Fui a una estación de policía en Alemania,» declaró el boxeador, «y no me entendían a mí ni yo a ellos. Yo les decía: Cuba, Cuba, Cuba....me expulsaron de la estación, pero yo regresé hasta que se obtuvo un traductor....mi padre, que era comunista, no me habló por teléfono por año y medio...»

Con seis pies cuatro pulgadas de estatura y pesando 195 libras de músculo, el cubano zurdo pulverizó a sus contrincantes fácilmente, convirtiéndose en uno de los boxeadores más taquilleros de Europa.

Al igual que con Hurtado y Casamayor, algunas de sus primeras víctimas fueron presas fáciles, como su tercer contrincante Donnie Penelton, quien tenía cuatro victorias y treinta derrotas, o su séptimo oponente –Bobby Joe Edwards– que tenía seis triunfos y había perdido catorce combates.

Pero al igual que con Hurtado y Casamayor, el nivel de calidad de los contrincantes mejoró gradualmente. En 1998, el cubano viajó a Mar de Plata, Argentina, coronándose campeón mundial peso crucero –versión CMB– al derrotar a Marcelo Domínguez.

De 1998 a finales del 2001, «La Pantera Negra» defendió su cetro en diez ocasiones, ganando todas, nueve por la vía rápida. El único contrincante que sobrevivió los doce asaltos fue el mismo Marcelo Domínguez al cual le había arrebatado el campeonato en Argentina.

Después de diez defensas en las que ganó una fortuna –aunque experimentó problemas con el sistema de pagos de impuestos en Alemania– el campeón abdicó la corona de los cruceros para hacer campaña en la división de los pesos completos, donde las bolsas –para campeones y retadores– son multimillonarias.

En la división de los gigantes, Gómez –ahora pesando entre 212-220 libras– se anotó seis victorias antes de comienzos del año 2003. El cubano derrotó a Alfred Cole, ex campeón crucero por nocao técnico en cinco asaltos, un día después de contraer matrimonio con su novia –Asucena– en el hotel Mandalay de Las Vegas.

En el 2002, Gomez se anoto triunfos sobre Ken Murphy y el carioca Daniel Frank.

Para la última pelea del 2002 –con Frank en Berlin– Juan Carlos Gómez entró al ring al sonido de «Conga,» la popular canción de Gloria Estefan. Daniel Frank, de Brasil, sólo duró dos asaltos, siendo derribado dos veces a la lona por los contundentes golpes de la «Pantera Negra».

Al comenzar el 2003, Juan Carlos Gómez tenía un expediente invicto de 36 triunfos profesionales –31 de ellos por nocao– y la posibilidad de aspirar en el futuro por el codiciado cetro de los pesos completos.

JOEL CASAMAYOR

Joel Casamayor, nacido en Guantanamo, apodado «Cepillo,» por lo bien que esquivaba los golpes, fue estrella de boxeo en Cuba desde que era un adolescente. Fue estrella del equipo juvenil y en 1989 pasó al equipo nacional, en el cual se mantuvo por siete años, hasta que se asiló en 1996.

En 1992, Casamayor fue a los juegos olimpicos como substituto. Aunque pocos esperaban que triunfara –debido a su juventud y falta de experiencia– el muchacho de Guantánamo ganó siete combates, derrotando al «Cohete de Bolsillo» Wayne McCullough, futuro campeón mundial profesional, consagrándose como un astro en el boxeo amateur.

Después de ganar las olimpiadas, Casamayor se sintió defraudado por el régimen castrista.

«Lo único que el gobierno me dio», declaró Casamayor en una entrevista en Miami, «fue una casa, bastante mala por cierto...ni siquiera me dieron un automóvil....sentí que me estaban utilizando...me tomó algún tiempo decidirme a irme, ya que en Cuba siempre te están diciendo que el boxeo profesional es sucio y la explotacion del hombre por el hombre....y yo pensando que soy lo suficientemente bueno como para ganarme la vida en el ring y ganar buen dinero en el boxeo...en Cuba hay muchos boxeadores que quieren irse del pais, pero tienen miedo... decidí irme en Mexico. Donde quiera que uno va allí van los de la Seguridad del Estado, vigilándote. Y me cansé de que me vigilaran...Lo que yo quería hacer era ganar dinero y ayudar a mi familia y eso no lo podía hacer en Cuba».

Joel Casamayor y Ramón Garbey, ayudados por un exiliado cubano residente en México, desertaron del equipo cubano en Guadalajara y viajaron por auto a Estados Unidos, donde ambos firmaron contratos con Luis De Cubas, joven promotor cubano residente en Miami.

Las expectativas profesionales en el caso de Casamayor eran enormes. Su expediente amateur de 333-30 era excepcional y se le consideraba el favorito para repetir la medalla de oro en las olimpiadas de Barcelona.

Casamayor, «Cepillo», era un boxeador de mucha velocidad, buena técnica y zurdo, lo cual lo hacía más incomodo para sus contrincantes. Aunque su pegada no era tan potente como la de Hurtado o Gómez –los otros dos campeones exiliados– Cepillo tenía muy buena puntería colocando los golpes y podía herir al contrincante con certeras combinaciones.

Despues de la dieta habitual de preliminaristas como Vidal Padilla (doce derrotas y un empate) y Ray Flores (cuatro triunfos en veinte peleas) y algunos estelaristas, Casamayor demostró su capacidad entre las sogas al derrotar en mayo del 2000, a Jong Kwon Baek, un boxeador con expediente de 21-1 en pelea titular super pluma –versión AMB– en un ring de Kansas.

Antes de concluir el año 2000, Casamayor defendió su campeonato mundial ganando por nocao técnico contra el invicto Radford Beasley. Conocido por el público en el ámbito internacional, Casamayor defendió su corona tres veces en el 2001: noqueó a Roberto Garcia (33-2) en nueve asaltos, le ganó por decisión unánime a Edwin Santana (27-3-5) y derrotó por la vía rápida a Joe Morales (17-5) en ocho asaltos.

«Casamayor es muy bueno,» declaró el historiador Hank Kaplan, «Tiene mucha velocidad, buen estilo y manos rápidas. Es un púgil de calidad. Asimila bien y tiene buena defensa».

En enero del 2002, el cubano se enfrentó al carioca Acelino Freitas, invicto en treinta combates; la pelea en Las Vegas recibió amplia publicidad. En una decisión muy discutida, Casamayor perdió el invicto ante Freitas, púgil de recia pegada y buena técnica entre las sogas.

Para finales del año, Casamayor – ya con 31 años de edad– invadió la división peso ligero, anotándose impresionante triunfo por nocao sobre Yoni Vargas, quien solo tenía 3 derrotas en 26 peleas profesionales.

Al comenzar el 2003, Cepillo tenía un expediente de 28-1, con 18 de sus triunfos por la vía rápida y el deseo ferviente de enfrentarse a un campeón para conquistar otro cetro.

LA ÚLTIMA PALABRA

Aquí termina este libro –en el 2003– pero el boxeo profesional cubano continúa en tierras del exilio y en la patria lejana, donde jovenes medallistas sueñan con fugarse de la isla esclava, en búsqueda de un porvenir incierto, pero propio.

El autor, Enrique Encinosa, boxeando en Chicago, 1969.

ÍNDICE ONOMÁSTICO

180